EL TURNO ES NUESTRO

Maribel Quiroga

EL TURNO ES NUESTRO

Maribel Quiroga

Escala profesionalmente,
aprende de tus fracasos
y olvídate del síndrome
del impostor

© 2020, Maribel Quiroga

Derechos reservados

© 2021, Editorial Planeta Mexicana, S.A. de C.V.
Bajo el sello editorial PLANETA M.R.
Avenida Presidente Masarik núm. 111,
Piso 2, Polanco V Sección, Miguel Hidalgo
C.P. 11560, Ciudad de México
www.planetadelibros.com.mx

Diseño de portada: Estudio Peri
Ilustración de portada: iStock
Fotografía de la autora: Lucía Lopez Morton. @lucialmphoto
Diseño de interiores: María Alejandra Romero Ibáñez
Imágenes de interiores: Colección personal de Amanda Berenstein, Colección personal de Ana Jiménez Ramírez, Colección personal de Ana María Olabuenaga, Archivo de Eva Vale, Colección personal de Gina Diez Barroso, Colección personal de Guillermina Benavides Rincón, Pablo Valero para Levovo, Colección personal de Leticia Gasca, Colección personal de Licia Brooks, Colección personal de Lorena Becerra, Ricardo Trejo 2019, Colección personal de Mercedes Palomar, Colección personal de Mireya Marroquín y Colección personal de Tania Montalvo.

Edición en formato epub
ISBN: 978-607-07-7097-5

Edición en formato POD
ISBN: 978-607-07-7738-7

No se permite la reproducción total o parcial de este libro ni su incorporación a un sistema informático, ni su transmisión en cualquier forma o por cualquier medio, sea este electrónico, mecánico, por fotocopia, por grabación u otros métodos, sin el permiso previo y por escrito de los titulares del *copyright*.

La infracción de los derechos mencionados puede ser constitutiva de delito contra la propiedad intelectual (Arts. 229 y siguientes de la Ley Federal de Derechos de Autor y Arts. 424 y siguientes del Código Penal).

Si necesita fotocopiar o escanear algún fragmento de esta obra diríjase al CeMPro (Centro Mexicano de Protección y Fomento de los Derechos de Autor, http://www.cempro.org.mx).

Libro impreso bajo la técnica Print On Demand (POD)

Impreso en Estados Unidos — Printed in United States

TÍTULO: EL TURNO ES NUESTRO (POD)

Para Iñigo, por su conciencia

Para Patricio, por su alegría

Índice

Prólogo
No tendríamos que estar pidiendo turno 13
Por Gabriela Warkentin

Introducción 17

Mujeres, mexicanas y líderes 23

Capítulo 1
La mujer y sus circunstancias 31
    Identifica tus circunstancias: haz las paces con ellas o rómpelas . . 32
    Salir de tu zona de confort 36
    Reinvención de paradigmas 41

Capítulo 2
Lidiando con las emociones 47
    Hola, miedo 49
    Aquí nadie es un impostor 52
    La autopromoción 54
    Entre el hogar y el escritorio 56
    ¿Conflicto en Venus? 62

Capítulo 3
La información es poder 67
    Comprender el mundo y nuestro país 68
    Encontrar espacios informativos en una agenda apretada 69
    Combate la desinformación 72
    La información desde una perspectiva empresarial 74
    Tomar decisiones: un balance entre la intuición
        y la información 76
    Manejar la información en equipo 77

Capítulo 4
Manos a la obra 83
    Asertividad en tiempos de decisiones 84
    ¿Cómo identificamos qué escenario es el mejor? ... 86
    A trabajar 89
    El mayor recurso: tu equipo 91
    Hablemos de resultados 96

Capítulo 5
No lo hagas sola 101
    La tutoría, los mentores y el rol de una aprendiz 102
    Encontrar el porqué 106
    El coach y el mentor no son lo mismo 108
    ¡Yo te cubro! La importancia de las redes de apoyo 109
    Entre hermanas 112
    Mis redes de apoyo 113

Capítulo 6
Yo _____, INC. 119
    Emprendiendo: la construcción de tu marca 120
    Espejito, espejito 122
    Adueñate del espacio 126
    Aceptar tus fortalezas 128
    Control y respuesta 131

ÍNDICE

    Aprender de la vieja escuela 132
    Piensa en el otro 134
    Todo depende de la narrativa 135
    Las ideas pueden estar en todos lados 137
    Consejos prácticos para hacer una presentación 139
    Dime qué publicas y te diré quién eres 140

Capítulo 7
Money, money, money 153
    La verdadera libertad: la económica 154
    Lo básico para unas finanzas sanas 156
    Hablemos de presupuestos 161
    Ponerle valor a nuestro trabajo 167
    Seduce al dinero: ¡a invertir! 171

Capítulo 8
El arte está en el equilibrio 175
    Con todo y culpa 176
    Aquí no somos víctimas 179
    Es una cuestión de tiempo 180
    Mente sana y cuerpo sano 186
    Construir (y derribar) hábitos 188
    ¡A moverse! 194
    Un buen descanso impulsa sueños 196

Capítulo 9
Si te dolió, úsalo 201
    El fracaso como primer paso para el éxito 202
    Fracasar con conciencia 205
    ¿Persistencia o terquedad? 206
    Manejar la frustración y salir adelante 208
    Fracasaste, pero tú no eres ese fracaso 208
    La importancia de abrirnos 209
    Mexicanas, resilientes 211

Conclusión
Llegó la hora 217

Cualidades de toda líder 223

Agradecimientos 233

Bibliografía 235

PRÓLOGO

No tendríamos que estar pidiendo turno

Ni siquiera decirlo.
Tendría que ser obvio.
Pero no lo es.

Hace meses, ya más de un año seguro, Maribel Quiroga me invitó a tomar un bloody mary de mediodía para contarme del libro que estaba pensando. Éramos dos mujeres, a mediodía, que nos sentábamos a tomar algo y celebrar la jornada. Hoy, todavía, dudo en escribir que fue un bloody mary y era mediodía. ¿Qué hacen unas mujeres bebiendo a esa hora? ¿Por qué un bloody mary habiendo bebidas más, no sé, sencillas? ¿Por qué carajos me hago esas preguntas? Nos reunimos a tomar lo que quisimos porque teníamos ganas de vernos y conversar. Pero eso es todavía el mundo femenino: justificar cada paso para no resbalar ante el juicio externo.

Juicio que debería valernos tres kilómetros de pepino. Porque sí, el turno es nuestro y no tendríamos siquiera que solicitarlo.

En aquella ocasión platicamos largo. Maribel me decía que quería retratar lo que algunas mujeres destacadas en nuestro país están haciendo, cómo y por qué. La manera como se han tenido que plantar frente a sus propios miedos y realidades para construir una narrativa única. Desgranar un poco eso que se intuye como liderazgo femenino para ponerle nombres, sentimientos y horizontes a las ilusiones. A las posibilidades. Y hablamos entonces de quiénes y de nombres y de vectores emocionales. Hablamos, pues, y en eso fuimos construyendo la complicidad de la aventura, la aventura de nombrarnos.

Y aquí está.

Debo confesar que no sabía por dónde llevaría Maribel su inquietud de retratar las conversaciones con mujeres que inspiran cambios. Es fácil caer en el lugar común de la alabanza a sí misma. Pero, como siempre sucede, Maribel me sorprendió. Porque fue capaz de articular su propia teoría de liderazgo con el retrato de quienes ella considera han dado pasos fundamentales para transformar el mundo en que vivimos.

Así que, aviéntense el clavado.

En estas páginas, queridas lectoras y lectores, encontrarán varios fragmentos de un mosaico amplio. Desde abstracciones sobre liderazgo y afirmaciones femeninas, hasta indagaciones profundas en el alma emprendedora de mujeres que están haciendo la diferencia en un mundo que ni siquiera sabe cómo nombrarse. Encontrarán, en resumen, las posibilidades de construir nuevas utopías.

Antes de que la pandemia del coronavirus cayera sobre nuestra cotidianeidad, las mujeres en muchos lugares del mundo —México entre ellos— salimos a las calles a reiterar que una narrativa humana solo podía ser completa si integraba, desde su concepción y no solo como graciosa concesión, la lectura femenina de sucesos, pasados y posibilidades. Luego llegó el virus y nos confinamos en las alcobas. No faltaron las voces que celebraron que el alboroto de las mujeres enloquecidas se había silenciado. Pues, ¿qué creen? Les tengo una buena noticia: las mujeres seguimos más activas y más boconas que nunca. Porque este mundo se construirá de una forma más integral si participamos todos o no será. Y el todo tiene una acepción muy femenina.

Aquel mediodía, Maribel y yo terminamos de beber nuestro bloody mary, nos tomamos una fotografía y sellamos una especie de pacto solidario entre mujeres de generaciones muy diferentes, pero con anhelos idénticos: no esperar a que alguien te conceda el turno sino tomarlo por asalto porque fue nuestro desde el principio de los tiempos.

Lectora, lector… dense permiso.

Un mundo diferente es posible, es deseable y ya está aquí.

No tenemos que esperar a que nos den turno.

Gabriela Warkentin

Introducción

Las mujeres, y sobre todo, las mujeres mexicanas, vivimos un caleidoscopio de circunstancias que a veces se antoja esquizofrénico. El papel que desempeñamos en la sociedad actual dista mucho, muchísimo del que desempeñaron en su momento nuestras bisabuelas, abuelas e incluso nuestras propias madres.

Somos varias generaciones que sucedimos a quienes lograron romper, por vez primera, el llamado techo de cristal. Somos hijas, sobrinas, nietas, aprendices, de aquellas mujeres que fueron las primeras en algo: ocupar un puesto determinado, dirigir una empresa, administrar el negocio familiar, gobernar un estado, crear una legislación, encabezar publicaciones editoriales, entre muchas otras cosas. Somos una generación pionera en la consecución de logros y metas para nuestro género.

Ser mujer y ser mexicana es ser muchas cosas. Es vivir inmersa en un contexto surrealista. Es frustrante y motivante al mismo tiempo. Es oportunidad y desconsuelo. Luz y sombra. Pasado, presente y, sobre todo: futuro. Ser mujer y ser mexicana es, en una palabra, complejo. Cada mujer tiene la oportunidad de proyectar un mensaje al mundo. Todas tenemos algo que decir y tenemos talento para desarrollar cualquier idea. Sin embargo, el camino para lograrlo requiere esfuerzo y mucho trabajo. Con tantas situaciones ocurriendo a nuestro alrededor, tantas creencias con las que hemos crecido, ¿cómo podemos encontrar lo que queremos decir, lo que queremos contar, transmitir, curar, sanar? Y ¿cómo utilizar nuestro talento para tener éxito y conseguir nuestras metas?

EL TURNO ES NUESTRO

*Este libro es para las mujeres actuales
que buscamos, en el afán de cada día,
crecer personal y profesionalmente,
y así transformar nuestra realidad
y nuestro entorno.*

Tiene como objetivo que encuentres tu potencial de desarrollo y convertirse en una guía para lograr lo que te propongas. Más allá de inspirar, espero que si quieres comenzar un proyecto, trabajar en una empresa o concretar esa idea que llevas contemplando por años, sepas la diversa realidad a la cual se enfrentan otras mexicanas y la forma en que han salido adelante. Por eso entrevisté a varias mujeres sumamente exitosas antes de realizar este libro (conocerás sus perfiles un poco más adelante). A partir de sus experiencias (así como la mía), podrás embarcarte con una base sólida de conocimiento como la líder en potencia que eres. Quiero darte elementos prácticos que puedes aplicar desde hoy si buscas iniciar tu vida profesional, emprender un nuevo negocio, crecer dentro de una organización o enfrentar desafíos en el mundo laboral. Este libro busca ayudarte a darle voz a tu talento. Busca que seas escuchada.

Ahora, si eres hombre, te agradezco por tomar este libro en tus manos y te pido me concedas el beneficio de la duda. Sigue leyendo. Lo que aprendas puede ser muy revelador en las relaciones que tienes con las mujeres de tu vida, quizá abra tus ojos a circunstancias que tú no vives y que pueden ayudarte a mejorar y aprender de ti mismo; ==el liderazgo no es un tema de género, más bien de herramientas, actitudes y decisiones.== Te invito a entender mejor y promover el potencial femenino que existe, el cual es increíble y extenso.

INTRODUCCIÓN

¿Qué es una líder?

Una líder es esa mujer que tiene la capacidad de influir en los demás y está caracterizada por varias cualidades (de las cuales hablaremos más adelante). Suele ser una persona que, a través de lo que hace, piensa y demuestra, tiene incidencia en el comportamiento y la concepción de los demás sobre el mundo que los rodea.

Es un tema de influencia. Una líder busca que su perspectiva sea una visión compartida. Va a causar admiración y con esta inspirar y generar cambios benéficos para la sociedad.

Suelo tener conversaciones con mujeres, de todas las edades y en diversos ámbitos, en torno a esa pregunta y siempre llegamos a un punto de inflexión: ¿Cómo le hacemos para hacer tantas cosas a la vez? Y, sobre todo:

¿Cuáles son los desafíos para ser una mujer emprendedora, exitosa, con una vida social y familiar funcional, y además con un estilo de vida saludable, hoy en día?

Todo eso y más es lo que pretendo explorar en este libro. Existen muchos casos de mujeres en México y en el mundo que han superado diferentes desafíos para alcanzar el éxito. Si bien hay historias inspiradoras que no podremos rescatar en estas páginas, es muy alentador saber que existen y que se nos revelan cada día. También hay historias que han sido complicadas, dolorosas y frustrantes, pero es la lucha de estas mujeres, el afán, el trabajo y el esfuerzo, lo que me parece valioso y lo que tomo como inspiración para lo que aquí escribo.

En México queda mucho por hacer. Falta romper paradigmas. Quedan aún múltiples retos. No es ningún secreto que en nuestro país existen diversos contextos, muchos espectros y que todas nos movemos en diferentes realidades. Créeme cuando digo que tú, que estás leyendo esto, tienes una oportunidad muy grande por delante, pues ==con el trabajo que realices con tu talento, vas a generar impacto en una sociedad que está sedienta de cambio, de equidad, de innovación.== Nuestro país se encuentra en una coyuntura de apertura y transformación. Las mujeres estamos inmersas en ese cambio. Y ni siquiera podemos llegar a visualizar el rol que tendrán nuestras hijas en el futuro.

Nuestro mundo será distinto en cinco, diez, quince, veinte años. Más allá del «empoderamiento», es un tema de evolución en la manera en que se concibe la sociedad, las estructuras que la componen y las instituciones que la conforman.

El principal motivo por el cual deben existir mujeres que sean agentes de cambio, es porque no hay otra manera de progresar.

> Solo a través de la participación de las mujeres en todos los ámbitos (en el quehacer político, social, económico, familiar, institucional, ambiental), lograremos un progreso sostenible que pueda transformar a la sociedad.

Quiero que este libro contribuya a tu crecimiento personal y profesional. Quiero que tengas una guía práctica y conceptual de qué cualidades o qué herramientas deberás trabajar, qué actitudes debes enarbolar para que el proyecto que tienes de ti misma y en

INTRODUCCIÓN

cualquier ámbito tenga una mayor posibilidad de ser exitoso. Este libro busca ayudarte a darle voz a tu talento.

Ser líder en México es importantísimo. Y ser mujer líder lo es aún más.

Mujeres, mexicanas y líderes

Antes de entrar de lleno al libro, quiero presentarte a las mujeres que con su experiencia me enseñaron tanto y cuyas voces me acompañaron en la realización de este libro. Podrás encontrar sus palabras a lo largo del texto, así como sus consejos y puntos de vista. ¡Soy fan del trabajo, la personalidad y la experiencia de todas! Te invito a conocerlas.

María Ariza

María Ariza es directora general de la Bolsa Institucional de Valores, BIVA, y comprometida promotora de inversiones de capital privado y público en desarrollos y empresas con alto potencial de crecimiento en nuestro país. Es la cuarta mujer en el mundo que dirige un mercado de valores. Está de más decir que inauguró el puesto en México.

María es Ingeniera Industrial por la Universidad Iberoamericana y cuenta con una Maestría en Administración con especialización en Finanzas por la Universidad de Harvard.

Es miembro de diversos consejos de administración incluyendo: empresas privadas y públicas, fondos de capital privado, *search funds*, asociaciones e instancias educativas. Es una apasionada emprendedora y en su labor siempre muestra un gran compromiso con nuestro país.

Lorena Becerra

Lorena es directora de encuestas en el periódico *Reforma*. Su investigación se enfoca en temas de clientelismo y comportamiento electoral. Es una sólida analista política. Su determinación le ha ayudado a marcar línea y a ser clara en sus objetivos. Es doctora y maestra en Ciencia Política por Duke University y licenciada en Ciencia Política por el ITAM. Participa en diversos medios de comunicación y es una referencia en aspectos electorales.

Por otra parte, Lorena es una activa defensora de los derechos de los animales.

Guillermina Benavides

Guillermina es directora de la maestría en Prospectiva Estratégica del Tecnológico de Monterrey. Cuenta con un doctorado en la Universidad de Texas y una maestría en Administración y Política Pública del Tecnológico de Monterrey. Su trabajo se enfoca en estudios de futuro, prospectiva estratégica y metodología de investigación.

Amanda Berenstein

Amanda es CEO de Weber Shandwick México, una agencia internacional de comunicaciones y *engagement*. Ella es responsable de dirigir y desarrollar estrategias de comunicación de marcas y organizaciones para construir reputación y obtener resultados. En 2017, la oficina de México a su cargo tuvo el mayor crecimiento en la red de Weber Shandwick y obtuvo el premio Sabre Citizenship por su respuesta en el terremoto del 19-S.

Amanda es miembro de la mesa directiva de diferentes organizaciones sin fines de lucro, entre ellas: Cemefi (Centro Mexicano para la Filantropía), el Museo Memoria y Tolerancia, ProNatura, Patronato de la Universidad Iberoamericana, CEMDA (Centro Mexicano de Derecho Ambiental), ProEmpleo y Causa en Común. Cuenta con una meestría en Política Pública por la Universidad de Chicago y es licenciada en Relaciones Internacionales por la Universidad Iberoamericana.

Licia Brooks

Licia es psicóloga clínica, psicoanalista, con veinte años de trabajo en México. Se especializa en terapias individuales, de parejas y en *coaching* laboral. Comprende a la perfección que, para navegar y tener éxito en el ambiente profesional actual, lleno de contradicciones, barreras y sobrecarga, a nadie se le entrena, sino que tenemos que aprender a trabajar con ello.

El estilo de trabajo de Licia es pragmático y directo con la intención de lograr cambios concretos en las vidas de sus pacientes. Se especializa en temas de ansiedad, depresión, duelo, ataques de pánico, adicciones, estrés postraumático y problemas en las relaciones. Es parte del equipo de terapeutas de Modern Health, firma fundada y operada solamente por mujeres y con base en San Francisco, que da servicio internacional de terapeutas para empresas.

Gina Diez Barroso

Gina es fundadora de Dalia Empower, de Centro, CEO de Grupo Diarq, creadora de la Fundación Diarq y la Fundación Pro-Educación Centro. Además es la única mexicana que pertenece al C200 (Mujeres Líderes de Negocios en el Mundo) y representa a México en el W20 (Women 20), del G20.

En 1990 creó Grupo Diarq, una firma de arquitectura, diseño y construcción, que se estableció como una de las empresas desarrolladoras más importantes de México. En 1992 creó la Fundación Diarq, que busca erradicar la violencia intrafamiliar y prevenir el *bullying* en las escuelas. En 2004 fundó Centro, la primera universidad en México enfocada en áreas creativas con formación empresarial. En 2017 estableció Dalia Empower, una plataforma global de aprendizaje y empoderamiento para la mujer.

Leticia Gasca

Leticia Gasca lidera Faethm AI en Nueva York, donde utiliza inteligencia artificial para predecir el futuro de la fuerza laboral. Además es directora global de Shaping the Future of Work, organización que estudia el futuro del trabajo, y es copresidente del Comité de Educación y Empleo de Global Shapers del Foro Económico Mundial.

Previo a esto, fue cofundadora del Skills Agility Lab (un laboratorio de innovación educativa), de Fuckup Nights, un movimiento global para contar historias de fracasos de negocios, presente en más de 140 países, y del Instituto del Fracaso. Fuckup Nights busca crear eventos alrededor del mundo donde se invita a tres o cuatro individuos a pararse ante una audiencia en un escenario y compartir su fracaso profesional: historias de negocios que cerraron o quebraron, alianzas que no funcionaron o productos que nadie recuerda.

Es autora de los libros *Cambia todo*, *Sobrevivir al fracaso* y columnista en *Forbes* y *Entrepreneur*.

Laura Raquel Manzo

Laura Raquel es licenciada en Ciencias de la Comunicación por la Universidad Anáhuac y cuenta con una maestría en Negocios en Internet por el Instituto Superior para el Desarrollo de Internet (ISDI). Laura ha sido editora de medios impresos y digitales. Su trayectoria, de más de 20 años, incluye el lanzamiento y regionalización de la revista *InStyle* y el portal de noticias *The Huffington Post* para ediciones mexicanas. Además, Laura fue directora editorial de la revista *Quién*, y condujo a lado de Leonardo Kourchenko la Segunda Edición del Noticiero en XFM 92.1. Ha participado en diferentes foros, entre los que destaca el Women's Forum for the Economy and Society. Actualmente es directora de Dalia News+Media en Dalia Empower, coconduce el *podcast* semanal La Burra Arisca, y colabora para distintos medios como *Milenio*, *El Universal* y *Vogue*.

Mireya Marroquín

Mireya es consultora en imagen estratégica y se especializa en ayudar a sus clientes a perfeccionar sus habilidades de comunicación verbal y no verbal para convertirse en una fuente de inspiración positiva a través del liderazgo y el carisma. Ha capacitado a más de mil personas a través de consultorías individuales, talleres y conferencias.

Está certificada en Consultoría Avanzada en Imagen y Desarrollo Profesional por el London Image Institute, y en Consultoría Corporativa por la Illustra Business School. Además es licenciada en Relaciones Internacionales por la Universidad Iberoamericana, maestra en Relaciones Internacionales y Comunicación por la Universidad Complutense de Madrid, y cuenta con un diploma en Análisis Político Estratégico del Centro de Investigación y Docencia Económicas, CIDE.

Tania L. Montalvo

Tania es periodista y subdirectora del Grupo Editorial Animal, en el que participan tres medios nativos digitales: *Animal Político*, *Animal Gourmet* y *Animal MX*. En la organización inició en 2013 como reportera de *Animal Político*, cuando el medio ya se había consolidado como una fuente fiable de información. Trabajó en temas de acceso a la información, corrupción, gasto público, impunidad y violencia. En 2017 se convirtió en editora general, para hacerse cargo de investigaciones especiales, diálogo con la audiencia y la mesa de contenidos.

Tania ha llevado bajo su mando proyectos como VerificadoMX, una herramienta innovadora que logró poner el punto sobre las *íes* de la campaña presidencial de 2018, verificando (como dice su nombre) la información publicada y compartida durante el proceso electoral, en plena era de controversias, desinformación, discursos y noticias falsas.

Ana María Olabuenaga

Ana María Olabuenaga es maestra en Comunicación con mención honorífica por la Universidad Iberoamericana y cuenta con estudios en Letras e Historia Política de México por el ITAM. Además es autora del libro *Linchamientos digitales*, editado por Paidós.

Actualmente cursa el doctorado en la Universidad Iberoamericana con un seguimiento a su investigación de maestría. El título preliminar es *Indignación e Ira 4.0. Las redes sociales como amplificadores de la colisión política, social y moral en México*.

Fundó Olabuenaga Chemistri, la cual llegó a ser la agencia de publicidad más efectiva de México. Ha trabajado para todas las categorías de productos y servicios en nuestro país, y ha colaborado en la creación de por lo menos 2 mil comerciales.

Es consultora de negocios y marketing, articulista en *Milenio* y *Alto Nivel*, y *speaker* nacional e internacional.

Mercedes Palomar

Mercedes es cofundadora y directora online en Lady Multitask, plataforma que busca crear comunidades de apoyo entre mujeres fomentando la compra y venta y el consumo local. Lady Multitask se fundó en San Luis Potosí en 2016 y desde entonces se ha expandido en 68 ciudades y ocho países.

Estudió Administración de Instituciones ESDAI en la Universidad Panamericana. Trabajó unos años en empresas transnacionales para después incursionar en el mundo del emprendimiento, donde conectó con muchas emprendedoras y se dio cuenta de que trabajando juntas y recomendándose unas a otras las mujeres podrían potenciar sus ventas. Así, junto a su hermana Pilar, creó Lady Multitask.

Ana Jimena Ramírez

Ana Jimena es fundadora y CEO de Sersana, un método de bienestar integral enfocado principalmente en ejercicio y nutrición, diseñado para ayudar a la gente a crear hábitos positivos y vivir de forma saludable.

Estudió Ciencias Políticas y Administración Pública en la Universidad Iberoamericana con especialidad en Periodismo. Trabajó en diversos medios de comunicación durante varios años, desempeñando puestos en diversas áreas de comunicación, mercadotecnia, producción audiovisual y *branding*. Cuenta con una maestría en Dirección de Empresas Audiovisuales y diplomados en Marketing Digital por la IE Business School. Su último trabajo fue en Televisa como directora de Nuevos Contenidos y Promoción Digital, antes de enfocarse de lleno en fundar Sersana en 2014 y crear, junto con su socia Leticia Román, lo que hoy es un movimiento de bienestar.

Eva Vale

Eva Vale es artista visual, egresada de la Escuela Nacional de Pintura, Escultura y Grabado «La Esmeralda». Su producción es una mezcla perfecta entre lo social y lo monumental; creadora de la *Virgen de los migrantes*, un proyecto en alianza con el papa Francisco que incluyó una gira por Estados Unidos.

Su obra e intervenciones incluyen diálogos con espacios como el Monumento a la Revolución, y con piezas artísticas, como el baúl que intervino para la firma francesa Louis Vuitton.

CAPÍTULO 1

La mujer y sus circunstancias

Para crecer y emprender es necesario contemplar el ambiente en que nos desarrollamos y hacernos ciertas preguntas: ¿qué oportunidades y limitantes tengo ante mí?, ¿qué paradigmas rigen esta situación determinada y qué es lo que creo yo?, o ¿cómo puedo trabajar en esta realidad específica? La lista de preguntas sigue, pero mientras mejor entendamos esto, más podremos transformar y apoderarnos de las diferentes situaciones a las que nos enfrentamos.

> Entender nuestras circunstancias nos permite reconocer tanto las dificultades a las que tendremos que dar la cara, como las oportunidades que se nos presentan.

Este capítulo busca ayudarte a identificar tu realidad y las circunstancias en las que vives para que puedas transformarte en líder (de tu sector, de tu comunidad y de tu entorno), y te conviertas en un agente de cambio. Una vez realizado este ejercicio de comprensión, se abre la puerta para desarrollarnos sobre nuestro entorno y desafiarlo, que es, a final de cuentas, la labor de una líder. ==Porque jefas hay muchas, pero solo las líderes se atreven a construir más allá de los parámetros que nos delimitan.==

Existen diversas estadísticas respecto al tema de la mujer en el ámbito empresarial. Por ejemplo, McKinsey & Company elaboró en 2018 un estudio de su serie de reportes Women Matter titulado *Una ambición, dos realidades;* este análisis de la situación de las profesionistas en México revela que, si bien tanto hombres como mujeres tenemos múltiples aspiraciones laborales, las posibilidades que tenemos las mujeres de alcanzar nuestros objetivos son menores. Así, destaca varios datos:

- Solo 4 de 10 mujeres participan en el mercado laboral.
- Las mujeres ocupan únicamente el 37 por ciento de las nuevas posiciones que se abren en una organización.
- Las mujeres ocupan solo el 10 por ciento de los cargos en comités ejecutivos.
- En cuestiones de brecha salarial, una mujer a nivel *senior* suele recibir 22 por ciento menos de compensación que su contraparte masculina.

Aunque es una realidad que cada sector empresarial tiene sus propios desafíos relacionados con la equidad de género, es momento de que las empresas comiencen a tomar acción para cerrar esta brecha; de lo contrario, se estarán perdiendo de un alto potencial de crecimiento.

Identifica tus circunstancias: haz las paces con ellas o rómpelas

«Yo soy yo y mi circunstancia y si no la salvo a ella, no me salvo yo» es una frase que escribió el filósofo José Ortega y Gasset en su libro

LA MUJER Y SUS CIRCUNSTANCIAS

Meditaciones del Quijote. En su uso común, esta frase es conocida como «El hombre y sus circunstancias», y vino a mi mente al escribir este libro... claro, ajustándola a «La mujer y sus circunstancias».

Cada una de nosotras es resultado de una serie de experiencias que tiene que ver con el mundo que nos rodea. Por eso, la única manera de identificar y eventualmente transformar nuestras circunstancias es a través del autoconocimiento.

Alonso Lujambio, politólogo mexicano y senador de la república, decía una frase que me gusta mucho: ==«Nadie ama lo que no conoce, amamos más lo que más conocemos».== ¿Cómo podré amarme a mí misma si no me conozco?, ¿cómo puedo reconocer (y posteriormente modificar) mi circunstancia si no la identifico realmente? Debemos realizar por lo tanto un esfuerzo muy importante de introspección para conocer, modificar y posteriormente trascender las propias circunstancias.

Hay que reconocer que nuestras circunstancias van a cambiar con los años y la experiencia; no solo eso, sino también que tenemos la posibilidad de modificarlas.

Comprender e identificar nuestras fortalezas, debilidades, las oportunidades que se nos presentan, así como aquello que representa una potencial amenaza, nos permite tomar acciones. Precisamente de esto se encarga uno de los análisis fundamentales del mundo empresarial: el análisis FODA (Fortalezas, Oportunidades, Debilidades y Amenazas, por sus iniciales), a través del cual las empresas y organizaciones indagan sobre las características de su entorno, tanto interno como externo, y elaboran una estrategia que les permita tener mayor competitividad en el mercado.

Lo mismo debemos aplicar en nuestras propias vidas. ==Cada una de nosotras tiene tanto sus puntos fuertes como débiles, así como el mundo externo tiene oportunidades y amenazas.== Si los reconocemos, podremos tomar decisiones más informadas y, ante todo, actuar sobre nuestras circunstancias. Pero ojo: en este camino de conocimiento también es posible que tengamos que enfrentarnos a nuestras propias ideas y obtener de este enfrentamiento un valioso aprendizaje.

Haz tu propio análisis FODA

Toma una hoja de papel y dibuja un cuadro con cuatro divisiones. En cada cuadrito pon como título el punto a desarrollar: ==fortalezas, oportunidades, debilidades y amenazas==. Las fortalezas y debilidades corresponden a aspectos individuales, propios de cada una; mientras que las oportunidades y amenazas se relacionan con nuestro entorno. Ahora que tienes tus cuatro espacios, te propongo que te hagas las siguientes preguntas y las respondas lo más puntualmente que puedas. Busca ser honesta, porque este es un trabajo meramente personal. A medida que vayas definiéndote, podrás mentalizar con mayor claridad tus metas:

Fortalezas	Oportunidades
◆ ¿En qué destaco? ◆ ¿Cuáles son mis puntos fuertes? ◆ ¿Qué me gusta hacer? ◆ ¿Cuáles son mis aptitudes y herramientas?	◆ ¿Qué puertas puedo abrir? ◆ ¿Con qué medios podría contar para alcanzar mis objetivos? ◆ ¿Qué puedo aportar en mi ambiente, empresa, sector? ◆ ¿Qué cambios tecnológicos, sociales y políticos puedo aprovechar y cómo?

Debilidades	Amenazas
♦ ¿Qué no se me da? ¿Qué no es lo mío?	♦ ¿Cuál es mi situación actual y cómo me afecta?
♦ ¿Qué considero que hago, según yo, peor que los demás?	♦ ¿Qué elementos externos pueden dificultar que alcance mis objetivos?
♦ ¿Cuáles son mis puntos frágiles?	♦ ¿Cómo es mi competencia?
♦ ¿Qué actividades me presentan mayores dificultades?	♦ ¿Cuáles son los riesgos que existen?
♦ ¿Qué actitudes me impiden mejorar o estar donde quiero?	

A través de este ejercicio podrás llegar a múltiples conclusiones. Por ejemplo, es posible que una de tus mayores **debilidades** sean las finanzas, por lo que podrás entonces pensar estratégicamente sobre cómo resolver esto; tal vez consiguiendo a un asesor financiero que te ayude en tu empresa, o metiéndote a cursos de finanzas, para mejorar. Por otro lado, quizás alguna de tus **fortalezas** sea que tienes una gran creatividad, entonces puedes pensar en diferentes ramas sobre las cuales es posible aplicarla, ya sea de forma artística o para resolver problemas dentro de tus proyectos.

Al analizar las **oportunidades**, puede que descubras que tienes muchos contactos vinculados con la industria en la que trabajas, entonces debes pensar en cómo apoyarte en ellos. Mientras que, contemplando las **amenazas**, puedes identificar desde la situación política y económica de tu país hasta las dificultades que podrías enfrentar en casa para desarrollarte, y, por lo tanto, concebir formas de trabajar sobre las múltiples crisis que se te podrían presentar.

Sin duda, tras haber realizado el análisis FODA tendrás mucho mayor conocimiento y claridad de quién eres y de dónde estás parada. Esto te permitirá reconocerte, que es el primer paso para aceptar quién eres y creer en ti misma, así como todo lo que puedes aportar al país y a tu entorno con tu trabajo y desempeño.

Además, este mismo ejercicio te permitirá pensar estratégicamente, mentalizar qué acciones puedes emprender, considerar qué factores pueden afectar y reconocer los riesgos para mitigarlos. Al final, esto ayudará a que te visualices y por lo tanto puedas mostrarte de modo que el resto del mundo te vea como tú quieres.

> Una vez que seas consciente de los múltiples factores internos y externos que influyen en tus circunstancias, podrás tomar acción.

Ahora que identificaste aquello en lo que eres buena y lo que quieres hacer, así como los riesgos que esto implica, es posible que experimentes una mezcla de emociones tanto excitantes como terroríficas; incluso tal vez pienses que es mejor quedarte en la zona segura que ya te es familiar, en lugar de aventurarte a lo desconocido. Por ello es momento de reflexionar sobre qué implica la zona de confort y, más importante aún, cómo puedes salir de ella.

Salir de tu zona de confort

Las rutinas sirven para que nuestros días sean productivos y estén enfocados hacia lo prioritario. Tienen su utilidad, pues nos permiten acoplarnos a la vida cotidiana. Sin embargo, también pueden ser un obstáculo para que persigamos nuevos retos y exploremos horizontes distintos que nos hagan crecer. En el trabajo, por ejemplo, se puede detectar la zona de confort cuando nada nos molesta, cuando sabemos hacerlo todo y es muy difícil que algo nos desestabilice o nos plantee un reto. Es cuando las cosas te salen enteramente bien y sin mayor conflicto.

La zona de confort es un estado mental que, si bien puede parecer cómoda, no nos ofrece estímulos y, por lo tanto, nos impide crecer.

Cuando te identifiques en esta situación: ¡corre! Este es el primer paso para trascender en definitiva tus circunstancias y explorar nuevas oportunidades.

Ahora bien, no siempre es fácil reconocer cuándo debemos movernos y salir de nuestra llamada zona de confort. Pero hacerlo es el primer paso. Para ello sugiero que te hagas las siguientes preguntas con respecto a tu vida laboral. Anota tus respuestas sobre una hoja en blanco:

1. En mi día a día, ¿cuántas actividades me implican un esfuerzo intelectual real?
2. ¿Estoy generando valor en lo que hago, más allá de las funciones de mi propio puesto?
3. ¿Hace cuánto tiempo no me pongo nerviosa ante una actividad de mi trabajo?
4. ¿Por las noches, alguna idea que me emocione o me entusiasme me ha quitado el sueño en más de una ocasión?
5. ¿Ya nada me sorprende de mis superiores o de mis pares en mi ambiente laboral?
6. ¿Me siento aburrida?

7. ¿Qué me gusta y qué no me gusta de mi realidad actual?
8. ¿Cómo quiero que sea mi futuro? ¿Lo que estoy haciendo se relaciona con este?
9. ¿Hay algo que no estoy haciendo que sé que debería hacer o que postergo por miedo?

Responde con honestidad a estas preguntas. Una vez que contemplas con mayor claridad tu zona de confort, es hora de tomar cartas en el asunto. La magia sucede, y lo digo en serio, cuando te aventuras fuera de ella.

«La persona que está en una zona de confort no suele reconocer lo que está perdiendo ni el peligro inminente de terminar aburrida con la vida», declara Laura Manzo, quien se ha aventurado a salir de su propia zona de confort porque ha dirigido desde títulos editoriales de entretenimiento y moda, hasta un periódico en línea de noticias políticas y económicas.

Recordemos que Laura ha dirigido revistas en México como *InStyle* y *Quién*, y además coordinó durante algunos años el *HuffPost México*. Salir de su zona de confort también ha implicado que actualmente sea coconductora de un noticiero en radio y participe en un programa digital llamado La Burra Arisca.

Salir de la zona de confort implica angustias, desvelos, problemas, incertidumbre y retos. Sin embargo, la gratificación que se recibe al conquistar algo retador hace que el camino valga la pena.

Cuando estamos ante un reto, siempre cabe la posibilidad de abandonar el proyecto. ¡Pretextos hay muchos! Pero una de las cosas más importantes por recordar durante este trayecto es que ==todo lo que haces, lo haces para ti misma.== Y que al final, el éxito obtenido hará que todos los momentos complicados del trayecto valgan la pena ante los resultados conseguidos.

Cuando empecé a escribir este libro, hubo momentos en que entraba en crisis y me decía: «¿Por qué te metes en esto? Tienes trabajo, responsabilidades, dos hijos. ¿Qué necesidad de incluir algo adicional?». Sin embargo, los espacios para escribir siempre fueron míos y la gratificación obtenida es muy grande al ver en forma mi proyecto.

Te propongo las siguientes acciones para salir de tu zona de confort

1. **Siente el miedo y actúa sobre él.** Lo primero que pasará es que tu mente se llenará de pretextos para no hacer las cosas, pero no las racionalices más allá del sentido común. Anteponte a tus excusas y comienza a trabajar.

2. **Busca desafíos.** Un poco de inquietud no te hará daño, sino que mantendrá tu cabeza ocupada.

3. **Busca una tensión dinámica entre lo que estás haciendo y lo que tienes que hacer para alcanzar tus objetivos.** Comprométete con tus metas, aunque te recomiendo tener paciencia contigo misma y flexibilidad. Opera con base en tu voluntad: recuerda constantemente qué es lo que quieres y trabaja para conseguirlo.

> 4. **Cambia la pasividad por la actividad.** Muévete. Busca ambientes nuevos que te obliguen a exponerte a personas y circunstancias diferentes.
> 5. **Intenta cosas nuevas.** Existe la posibilidad de que no sepas cuál es tu pasión, por ello este punto es importantísimo. Solo probando descubrirás lo que no te gusta y lo que sí.
> 6. **Comparte tu reto con tus amigos y familiares para que sirvan de apoyo.** Coméntales los cambios que harás en tu vida. Es muy probable que te alienten a conseguirlos de una manera u otra, lo que te facilitará trabajar en tus objetivos.
> 7. Cuando tengas miedo, toma un respiro y piensa: «Esto no es tan atemorizante como parece».

Cuando empieces te sentirás vulnerable y en riesgo, pero conforme comiences a actuar tomarás confianza en tus acciones, trabajarás y entrarás en una curva de aprendizaje que te impulsará a buscar más. Sé consciente, perseverante y paciente contigo.

Salir de la zona de confort te hace vivir cosas distintas y todo se vuelve más divertido. Como dice Laura: «Que la crisis te sirva para decidir cambiar de rumbo o quedarte en donde estás. ¿Qué haré? No tengo idea. Pero al menos estoy consciente de que lo estoy buscando».

Verás con el tiempo que salir de la zona de confort, más que una meta, es un proceso. Incluso es posible que pases por esto múltiples veces en la vida. Pero ==la riqueza de nuestro trabajo viene de la mano de las veces que nos hemos desafiado.== Para algunas, incluso, llega a ser un estilo de vida, como para Laura, que siempre está buscando nuevas formas de retarse, sea con una nueva editorial o un maratón. Descubrirás que cuando ya hayas buscado salir de tu zona de confort, comenzarás a pensar incluso en cómo romper con viejas estructuras que limitan nuestro campo de trabajo. Por lo tanto, es momento de comprender qué son los paradigmas que nos marcan y cómo reinventarlos.

Reinvención de paradigmas

En nuestra vida cotidiana solemos seguir fórmulas y procesos para tomar acciones. Se trata de creencias predeterminadas sobre las cuales basamos nuestras ideas, y las llamamos paradigmas.

Visualiza una receta de un pastel que jamás has cocinado. Lo normal sería que siguieras la receta, ¿no es así? Lo mismo pasa con los paradigmas. Nos ayudan como guía para poder llevar a cabo proyectos, solucionar problemas o incluso fundamentar nuestras acciones. Cada paradigma tiene su función en nuestra estructura social, tanto en casa como dentro de una empresa. Sin embargo, para alcanzar un mayor liderazgo, es necesario cuestionar los paradigmas sobre los cuales actuamos. Incluso habrá momentos en que deban ser destruidos o adaptados para generar nuevas ideas, crear e innovar en nuestro ambiente laboral.

Después de todo, ¿a quién no le gusta dar su sazón a una receta?

Cuando Laura Manzo fue a Nueva York para traer la revista *InStyle* a México, le dieron la enorme receta para publicarla, de acuerdo con los cánones de la editorial estadounidense. Recibió la «Biblia», casi como en la película de *El diablo viste a la moda*: 600 páginas sobre cómo se publicaban revistas bajo la marca.

La fórmula *InStyle* no permitía polémica: se basaba en modelos de *high fashion* y celebridades que conectaran con la audiencia bajo la idea de «Sé la mejor versión de ti misma». Sin embargo, para importar la revista de moda y belleza a México había que tropicalizarla.

Poco después del lanzamiento de la revista en nuestro país, la representante de Gloria Trevi —después del escándalo de Mary Boquitas, cuando ya había salido de la cárcel y regresado a México para relanzar su carrera—, buscó a Laura. Quería que Gloria fuera portada en un tiempo en el que nadie se quería relacionar con ella. Fue entonces que Laura, con algo entre instinto y ganas de romper las reglas, dijo «¿Por qué no? ¿Qué tal si la supervestimos?». Presentó la idea a su equipo y directivos de Grupo Expansión y por todos lados encontró un «no» como respuesta. «Nadie quería a Gloria Trevi. ¡Ni *TVNotas*, ni la misma *Quién*, revista que publicaba las historias polémicas de las celebridades! Pero la idea era llenarla de lujo y dar mayor credibilidad a la idea del estilo propio de *InStyle*».

Laura insistió y, al final, tomó la decisión desde su papel de editora en jefe: Gloria iría en la portada. El resultado: Gloria Trevi, lejos de las medias rotas y cerca del glamour de las grandes marcas de moda internacionales. Las ventas de la revista subieron a partir de entonces. Laura rompió las reglas y logró que un producto nuevo en el mercado, que apenas se iba posicionando, estallara.

> ### ¿Cómo identificamos que podemos romper con un paradigma?
> Estas son algunas cuestiones para considerar
>
> ✦ Muchas veces te lo dirá el **instinto**, pero siempre intenta darle un razonamiento lógico, incluso a aquello que sientes en tus agallas.
> ✦ Pregúntate: ¿por qué no? y ¿por qué sí? En ese debate, encontrarás los pros y los contras de la situación y podrás generar un balance. Anótalo en una lista, las cosas siempre son más claras cuando están sobre papel.
> ✦ Puedes **consultarlo** con un círculo pequeño de gente cercana y de mucha confianza para descubrir nuevas perspectivas, pero no asumas lo que digan los demás como una verdad absoluta.

En mi experiencia profesional, existe un caso que me encanta como ejemplo de ruptura de paradigmas y es el caso de la cerveza colaborativa, Cerveza Dual. En 2016, se llevó a cabo el Año Dual entre

México y Alemania. En ese entonces yo era directora de Cerveceros de México y quisimos hacer algo innovador para poner a México al mismo nivel de Alemania en cuanto a la industria cervecera.

Una cerveza colaborativa se logra mediante la unión de dos casas cerveceras y el trabajo en conjunto, para crear una receta de cerveza única. Yo me encargué de coordinar esta labor cervecera junto con mi equipo, Claudia Curiel y Rodolfo Andreu. El resultado tuvo un dulce sabor a malta reflejado en la Cerveza Dual. Fue un éxito, y gracias a él logramos romper varios paradigmas:

1. Que dos países no podían crear una cerveza en conjunto. Logramos que México y Alemania trabajaran en conjunto para hacer honor a ese año dual.
2. Que dos competidores no podían trabajar juntos. Fue la primera cerveza realizada en conjunto entre las dos compañías cerveceras más grandes del mundo: Anheuser-Busch InBev y Heineken.
3. Que las grandes empresas no pueden trabajar con cerveceros artesanales. Logramos demostrar que tanto grandes como chicos pueden unirse y sacar provecho de una causa en común.

Teníamos entonces a competidores acérrimos colaborando entre sí para posicionar la industria cervecera mexicana: grandes consorcios trabajando en conjunto con pequeñas cervecerías. El paradigma latente era la falta de expectativas: no se esperaba que hiciéramos nada extraordinario. Pero lo rompimos al hacer algo que nunca se había intentado y que resultó un éxito.

Por supuesto que enfrentamos resistencias, tanto propias (de afiliados y cerveceros) como externas (de diversas autoridades), y también retos (como lograr la elaboración de una misma receta de cerveza, exactamente con los mismos ingredientes, en dos países separados por un océano). No obstante, los resultados obtenidos superaron cualquier expectativa que hubiésemos tenido al arrancar el proyecto. El hecho de que, por primera vez en la historia, en una cena de Estado entre el entonces presidente de México y la canciller alemana se brindara con cerveza, y fuera nuestra Cerveza Dual, no estaba ni siquiera en nuestros sueños más osados.

Pero volvamos al tema: es fundamental reconocer que ==siempre que queramos romper un paradigma enfrentaremos resistencias naturales,== que serán tanto internas, de nuestros propios miedos e inseguridades, como externas, provenientes de la resistencia natural a los cambios. En el caso de la Cerveza Dual enfrentamos escepticismo y cuestionamientos sobre la importancia del proyecto y el impacto que tendría. No nos equivocamos al luchar por un proyecto así y romper los paradigmas que fueran necesarios, lo cual nos demuestra que lo más importante de los paradigmas son las preguntas que podemos hacer sobre ellos para que, de ser necesario, nos aventuremos a romperlos.

> Anteriormente se concebía a un líder como una persona a la que no se le podía cuestionar. En la actualidad son considerados como líderes aquellos que se cuestionan y logran innovar en sus sectores para desafiar los límites marcados.

Hay que ser claros: ==la mayoría de los límites, más que en el *statu quo*, se encuentran en la mente.== Obviamente hay obstáculos de todo tipo, pero las primeras barreras que nos toca cruzar son aquellas que nosotras mismas nos planteamos. En cualquier empresa y organización siempre te enseñarán las fórmulas a seguir. Sin embargo, hay que romper las limitantes y jugar con ellas para crear cosas nuevas, que no solo ayuden a crecer a la organización, sino a conseguir mayor satisfacción en lo que hacemos.

EN RESUMEN

▲ Hay que reconocer la circunstancia en que nos tocó vivir, la manera en que influye en nosotras y cómo podemos transformar nuestra realidad.

▲ Huye de la zona de confort y no tengas miedo a tomar retos. Encontrarás en ellos satisfacción y diversión.

▲ Recuerda que todo reto que asumas es algo que haces por ti y para ti.

▲ Cuestiona los paradigmas establecidos y después decide si romperlos, transformarlos o seguirlos.

▲ Los límites comienzan en nuestra mente. No te limites.

CAPÍTULO 2

Lidiando con las emociones

Cuando tenía 20 años, el que yo consideraba el amor de mi vida me escribió un correo electrónico que se titulaba «Sobre el mar». En él básicamente me explicaba que dejaba un puerto, que soltaba las amarras y que se iba al mar a encontrar lo que yo no supe o quise darle.

Me rompió el corazón, por supuesto. Pero cuando pasó el dolor, me hice una sola pregunta: ¿De cuándo a acá yo era un puerto?

Los puertos están fijos, reciben, esperan. Yo para nada era ni soy un puerto. En todo caso, sería un barco que se mueve, sale, recibe y da. Los barcos no esperan: zarpan.

Soy un barco. También su capitana.

Ser líder es ser la capitana de un barco en alta mar. Nuestro proyecto, empresa o puesto es un barco sobre el cual debemos comandar, al mismo tiempo que proteger. El mar, mientras tanto, es este universo de oportunidades y riesgos sobre el cual viajamos.

Contemplando este horizonte, con las manos agarrando el timón, es obvio que el cuerpo tiemble. Se siente el sudor más frío y la agitación en el corazón. Todos los músculos se estremecen. Vemos la incertidumbre a la cara y tenemos que reconocer que habrá noches de tormenta. ¡Vaya que dan ganas de correr o esconderse ante la adversidad!

> Pero como líderes,
> debemos aprender a navegar.

Para esto, tenemos que saber cómo lidiar con nuestras emociones, miedos y enojos siempre que estamos trabajando en nuestros proyectos. ==Comprender lo que estamos sintiendo, por qué lo sentimos y cómo utilizarlo a nuestro favor.==

Se habla mucho de lo emocionales que somos las mujeres. A los hombres se les suele atribuir la capacidad de distanciarse de sus sentimientos, mientras que a nosotras se nos dice que actuamos basándonos en nuestras pasiones. Si bien es cierto que hombres y mujeres procesamos nuestras emociones de diferente manera, y que probablemente por cuestiones antropológicas y biológicas, y el sistema del patriarcado, reaccionamos a nuestro ambiente desde aproximaciones diversas, esta visión puede llegar a ser muy cerrada. Más aún si contemplamos lo mucho que ha costado romper con el estereotipo de que, por estas mismas razones, una mujer no puede ser tan productiva como un hombre en el ambiente laboral.

Afortunadamente es una visión que se ha ido quebrando en los últimos años, gracias a la inclusión paulatina de las mujeres en las empresas. Sin embargo, en muchos lados, este estereotipo persiste. ¡Incluso en nuestras cabezas!

Por eso ==hay que aprender a reconocer estas ideas estereotipadas de cómo se supone que las mujeres debemos ser, procesar nuestras emociones en el ámbito laboral, y desafiar las preconcepciones.== Más allá de lo que el género pueda definir, hay que concentrarnos en nuestra madurez emocional, en la forma en que contemplamos al otro y la manera en que rompemos con ideas preconcebidas por estereotipos.

Yo no soy experta en la mente humana, ni pretendo serlo. Desde mi experiencia y la de la gente cercana a mí, he aprendido a contemplar a los demás y a crecer como líder y ser humano. Por su parte,

LIDIANDO CON LAS EMOCIONES

Licia Brooks, psicóloga clínica con más de 20 años de experiencia, sí es una experta y comprende a la perfección que, para navegar y tener éxito en el ambiente laboral actual, lleno de contradicciones, barreras y sobrecarga, a nadie se le entrena, así que tenemos que aprender a descifrarlo.

Por eso, en mi entrevista con ella para este libro, hablamos de miedos, de inseguridades, de autoboicots que desde niñas aprendemos y que se perpetúan en las siguientes generaciones, pues como madres e hijas lo hemos visto en nuestras familias. Pero, sobre todo, meditamos sobre cómo luchar con las ideas que tenemos de nosotras mismas como mujeres, el tenso ambiente laboral y cómo permitir que nuestras emociones e interacciones fluyan de la mejor manera para navegar con las velas izadas.

Hola, miedo

Todo proyecto, emprendimiento y crecimiento conlleva miedo.

Es la reacción más natural que podemos tener. Desde tiempos inmemoriales el miedo ha servido a la humanidad para sobrevivir. Por ejemplo, el miedo a la oscuridad se relaciona con los tiempos en que el fuego marcaba la diferencia entre sobrevivir a la noche o no. Incluso en la película *Intensamente*, de Pixar, entre las emociones básicas de Riley, la protagonista, existe Miedo, quien se encarga de protegerla de los riesgos potenciales.

Sin embargo, en la actualidad, es importante reconocer nuestros temores y la manera correcta de reaccionar ante ellos. Sobre todo cuando estamos en un ambiente laboral y lo que buscamos es crecer y desarrollarnos. Ante una situación complicada, las primeras reacciones viscerales que tenemos se engloban en una frase anglosajona muy sencilla: «*Freeze, fight or flight*». O te congelas, o peleas, o huyes.

«Yo, claramente quiero huir», le confieso a Licia.

«Seguimos teniendo estas reacciones ante situaciones que ya no son necesariamente de vida o muerte», afirma ella. Es justo sobre eso que debemos aprender a trabajar.

Si lo analizamos desde el aspecto instintivo, hasta cierto punto, el miedo es un superpoder: sirve como combustible y te pone sobre alerta de los riesgos que conllevan algunas cosas. ==Pero hay que aprender, a la hora de sentirlo, a decidir qué vas a hacer para que se aleje y actuar en consecuencia.== No hay de otra.

Profesionalmente hablando, he tenido muchos miedos. Temí la presentación de mi tesis de licenciatura, por ejemplo. Tuve miedo al dejar un trabajo que durante cuatro años me definió como persona y como profesionista: la transición de Cerveceros de México a Grupo Lala fue un cambio importante. Seguramente los nuevos caminos que se presentarán en el futuro serán igual de retadores, pero para mostrar un poco más a detalle cómo el miedo me ha servido para crecer, contaré una anécdota de hace tiempo.

Estaba aterrada cuando llegué a Los Pinos. Tenía 21 años y trabajaba en el área de Comunicación Social del presidente Vicente Fox, con gente que no conocía. El vocero del presidente era Rodolfo Elizondo, una persona cuya presencia y carisma imponían mucho.

Todas las mañanas, mi trabajo consistía en llegar a las cinco en punto y hacer una síntesis de la prensa internacional que tenía que estar en el escritorio del presidente a las ocho. Mis jefas, Alicia Buenrostro y Claudia Algorri, asistían todas las mañanas a las reuniones que se llamaban de «semáforo». En esas reuniones el presidente revisaba la síntesis de la prensa nacional e internacional para ver cómo venía la agenda noticiosa. Clasificábamos las noticias en: verde (positivas), amarillo (neutrales) y rojo (negativas). Esto servía para analizar la imagen del presidente de la república, de la presidencia y del Gobierno Federal. Elizondo era quien llevaba esas juntas.

En una ocasión, mi jefa y la directora adjunta de comunicación se fueron de gira con el presidente. Entonces, Alicia me marcó y me dijo: «Tú vas a ir a la reunión de semáforo». En mi mente solo escuchaba con nerviosismo: «¿Yo? ¿Qué les voy a decir?». Pero no podía negarme. Toda esa semana recuerdo que entraba a Los Pinos con dolor de estómago, síntoma de mi miedo. Pero fui a la reunión. ¿Y el miedo? Lo fui superando, con el simple hecho de actuar, y se volvió parte de mi día a día: no como un elemento paralizante, sino como un motor.

Más adelante también me dio miedo dejar Los Pinos, entrar a la Secretaría de Turismo (y finalmente, salirme), adentrarme en la campaña de Felipe Calderón, que era entonces muy incierta. Cuando llegué a Cerveceros era un sector que desconocía y sentí pavor. Además, tenía miedo a hablar en público, dar discursos, estar en medios de comunicación. Pero todo lo hice. Es la única manera de crecer.

Con el tiempo he descubierto que esos momentos inciertos son los que te hacen desarrollarte como individuo. Supe ganar mi lugar y el reconocimiento a mi trabajo.

La fortaleza para vencer el miedo viene de la confianza de que tienes la capacidad para hacerlo.

Tienes que creértela. Plantarte frente a los retos con la seguridad de que sabes perfectamente bien lo que estás haciendo y que eres capaz de hacer eso y mucho más.

Solemos tener miedos irracionales porque tememos equivocarnos. Como mujeres, muchas veces se nos da un margen menor para corregir que a los hombres. ==Debemos aprender que para avanzar, aprender, escalar y navegar se necesita cometer errores y a partir de ellos crecer.== Y en este aprendizaje me gustaría hablarte de un problema que nos suele afectar a muchos, en especial a las mujeres y a las minorías: el síndrome del impostor.

Aquí nadie es un impostor

Pasa muy seguido. Tienes el puesto, los diplomas y las credenciales para decir que eres una profesional en tu campo. Sin embargo, estás en tu escritorio y sientes que no perteneces ahí, que no sabes qué hiciste para engañar a los demás, que en cualquier momento van a descubrir que eres un fraude y entrarán por ti los guardias de seguridad para sacarte de las instalaciones.

Esto, querida, se llama síndrome del impostor. Es un fenómeno psicológico por el cual una persona no cree en sus logros y vive con el miedo constante a ser descubierta como un fraude. No es ninguna enfermedad ni patología *per se*. Pero sí muestra ciertos síntomas y actitudes que se han estudiado.

El término tiene su origen en 1978, en los estudios realizados por las psicólogas clínicas Pauline Rose Clance y Suzanne Imes. Ellas observaron, a través de sus terapias individuales, que muchas personas, a pesar de sus altas posiciones, no experimentaban un sentimiento de éxito, sino que se consideraban impostoras. Hablamos de gente —en especial, mujeres— con posgrados y especialidades, que eran eminencias en sus campos profesionales o reconocidas académicamente, que se sentían como fraudes, como si estuvieran ocupando un puesto que no les correspondía.

A pesar de las pruebas externas de su competencia, quien sufre del síndrome del impostor no cree merecer su éxito. Lo ve más como una suerte o coincidencia. Pero ¡para nada! No es mera coincidencia.

Licia Brooks afirma que el síndrome tiene que ver con inseguridades dentro del ámbito laboral. «Es sentir que no pertenecemos, que en cualquier momento nos van a descubrir como un fraude. Es una cuestión persecutoria. Afecta también a los hombres, pero las mujeres tienen más tendencia a no creer en sus logros. Es una lástima, pero está muy integrado en nuestra cultura y nuestra forma de pensar».

Licia explica que el síndrome del impostor suele estar más presente cuando se identifica que hay menos personas que se parezcan a uno. Pongamos algunos ejemplos: una notaría donde hay una mujer y muchos hombres, una firma de arquitectos donde hay un mexicano entre puro extranjero, una oficina donde una persona tiene cuarenta años, y los demás veinte. Estos ambientes propician que el individuo se sienta como un impostor.

Ante esto, por un lado, como líderes debemos propiciar ambientes más equitativos. Por otro lado, como individuos que podemos sufrir de este síndrome, Licia afirma que la solución es hablarlo. Exponerlo. Algo que te podría ayudar también es hacer un recorrido mental de tu vida y anotar los logros que has tenido, de pequeños a grandes. Validarlos, y así, validarte a ti también como profesionista. Además, es importante reconocer un dato contundente: «Hasta 70 por ciento de la población ha sentido este síndrome», afirma Licia. ==Más vale enfrentar el problema en tiempo y forma.== Es importante. Guardarnos los pensamientos y dejarlos pasar solo hará que se convierta en una crisis, la cual será mucho más complicada de resolver después.

Tienes que comenzar a cambiar tu perspectiva de la realidad: deja de compararte, tú tienes tu propio camino.

Por otra parte, ==es de vital importancia comprender cómo estas mismas inseguridades pueden propiciar que nos autoboicotemos,== o que incluso nos pongamos el pie a la hora de presentarnos en nuestro trabajo, por el simple hecho de que no es común que se nos inculque la importancia de promocionarnos. Está mal visto hacerlo, sobre todo entre mujeres, que tenemos la falsa norma de que debemos ser modestas. Desde este lugar emocional acabamos tomando malas decisiones y dejamos pasar oportunidades. Permitirnos estar así todo el tiempo es una forma de sabotaje. Por ello es momento de hablar de la autopromoción y la autoconfianza.

La autopromoción

Existe una frase de la escritora y productora Sonya Friedman, quien en los ochenta fue famosa por su programa *Sonya Live in LA* y por su libro *Men Are Just Desserts*, que dice:

> «El modo en que te tratas a ti misma establece el estándar para otros».

Es decir, si te tratas bien y crees en tus ideas, serás la primera en marcar la diferencia de quién eres ante los demás. Es aquí donde tener autoconfianza y autopromoverse se convierten en la moneda de cambio para alcanzar nuestras metas.

Solo que hay un pequeño problema: a las mujeres no nos enseñan a promovernos. Al menos, no a nosotras mismas. Desde pequeñas aprendemos a «no brillar tanto», vivimos en «modestia», pues se nos ha enseñado a no fomentarnos. Además, tenemos un tema de sobreempatía, e incluso nos llegamos a sentir culpables por el propio éxito. Es importantísimo cambiar esta creencia.

¿Por qué pasa esto? Según Licia, somos modestas para no perturbar al grupo, para pertenecer. Lo aprendemos desde niñas, cuando se espera cierta humildad en nuestras interacciones, y crecemos llevando esta postura hasta el trabajo. Pero, principalmente, esto se debe a que entre mujeres no se nos enseña a competir.

A los hombres, por el contrario, sí se les inculca esto. Como si cada desafío fuera una nueva conquista, rara vez se sienten culpables de ganar. Para romper con esta disparidad, debemos trabajar en hacer conciencia de esta situación. Creernos que somos las mejores, al igual que lo haría cualquier hombre.

En 2014, se hizo popular una campaña de la marca de productos de higiene Always, que llevó como firma el hashtag #LikeAGirl

(«Como niña», en español). En esta campaña se expuso un video en que se mostraba, primero, a jóvenes de ambos sexos a quienes se les pedía que corrieran, pelearan, actuaran como niñas. Ante esto, los involucrados solían comportarse de manera ridiculizada. Sin embargo, al hacer el mismo experimento con niñas pequeñas se descubrió que, para ellas, el término «como niña», no era más que hacer las cosas de la mejor manera que ellas podían hacerlo: corrían lo más rápido posible, golpeaban con toda su fuerza. Lo que expone la documentadora Lauren Greenfield, creadora de dicho video, es que las palabras «como niña» suelen utilizarse a manera de insulto y tener impacto en la autoconfianza de las niñas cuando entran en la pubertad.

Es tiempo de redefinir lo que significa hacer, como niñas y como mujeres, comprender más nuestras relaciones con los demás y detectar estas creencias que pueden aparecer en nuestra mente.

Tenemos que aprender a promovernos, a abrazar nuestras victorias, nuestros logros, y a exponerlos. De la misma forma, debemos saber reconocer el éxito ajeno, si no lo hacemos ya, no como una pérdida nuestra, sino como una competencia sana. De lo contrario, lo único que se cultivará en nuestro ambiente es la envidia.

«Cuando no puedes expresar abiertamente la alegría de haber ganado entre mujeres, es posible que se desarrolle una parte agresiva. Lo que pudo ser una competencia sana se transforma en envidia, envuelta en culpa y vergüenza», afirma Licia. Sin embargo, hace hincapié en la manera más efectiva de remediar esto: «La mejor forma de enfrentar esta envidia es compartiéndola y más a la persona que te origina este sentimiento, y para no hacerlo serio o amenazante, ==es necesario imprimirle humor, porque es el mejor remedio para la envidia==».

Imaginemos este escenario: una compañera y tú compiten por un puesto. De pronto, llega la noticia de quién se quedó con la chamba. En un escenario lo obtiene tu compañera, y es normal que sientas envidia. Ante esto, la mejor manera de procesarlo sería externándole la realidad. De lo contrario, esto podría generar un ambiente hostil, detrás del cual lo único que se evidencia es una inseguridad propia. En otro escenario tú obtienes el puesto. Puede que tu primera reacción sea alegrarte, pero es probable que una parte de ti se sienta culpable porque tu victoria significa la pérdida de tu compañera. Entonces, evitas autopromoverte.

En ambos escenarios, el primer paso es reconocer el prejuicio que tenemos sobre la otra y nosotras mismas de manera distinta. El segundo, es hacer las cosas diferente. Lo más recomendable, de acuerdo con Licia, es mantener transparencia en nuestras relaciones. Hay que reconocer que si bien en el trabajo puede existir amistad, también habrá competencia y lo mejor es que esta sea sana y enriquecedora. En este camino debemos saber identificar también cuándo estamos a punto de meternos el pie y por qué.

Afortunadamente, esta no ha sido mi historia. Mis relaciones con otras mujeres siempre las he encontrado enriquecedoras y en los momentos en que podría presentarse la envidia, intento reconocerla y externarla. Expongo las cosas y busco ser transparente. Pero reconozco que las tensiones ocurren. En diferentes etapas de la vida pertenecer a un grupo determinado es importante, pero debemos romper con esta necesidad de pertenencia para crecer y desarrollarnos. Esto solo se puede hacer con valentía y confianza en nosotras mismas. Tenemos que creer en lo que hacemos, en lo que trabajamos y en por qué lo estamos haciendo. Lo cual incluye también nuestro desarrollo personal en casa.

Entre el hogar y el escritorio

En su plática en TEDWomen 2010, *Why we have so few women leaders* (Por qué tenemos tan pocas mujeres líderes), Sheryl Sandberg,

LIDIANDO CON LAS EMOCIONES

economista, autora y actual directora operativa de Facebook, habla de tres acciones que las mujeres debemos realizar para crecer profesionalmente y cerrar la brecha de género:

1. Sentarnos en la mesa.
2. Hacer a nuestras parejas compañeros reales.
3. No darnos por vencidas.

¿A qué se refiere con estos consejos?

La primera acción, «Sentarnos en la mesa», se refiere a nuestro lugar en las mesas de negocios. Ella explica la tendencia de las mujeres a hacernos a un lado en las discusiones, a no negociar en el entorno laboral, y a la manera en que nos subestimamos. Son conceptos estrechamente relacionados con el síndrome del impostor, la falta de autopromoción y autoconfianza, de los cuales ya hablamos. Ante esto, ella propone mantener la mano alzada para hablar, sentarnos en la mesa donde las discusiones y los negocios ocurren y buscar autopromovernos, aun a expensas de perder simpatía. Hay que imaginar y actuar la inclusión.

Sin embargo, las otras dos acciones se refieren a aspectos íntimamente relacionados con el hogar. Por un lado, la segunda acción implica involucrar más a nuestras parejas en las labores de la casa y la crianza de los hijos. Por otro, la tercera acción responde al tema del abandono del crecimiento profesional ante la idea de la maternidad.

Se puede tener éxito profesional al mismo tiempo que se crece desde el aspecto personal: la vida entre el hogar y el escritorio existe.

Esto es algo que para un hombre es fácil de concebir desde joven: tener trabajo, familia e incluso tiempo para practicar deportes o incursionarse en cualquier otro *hobby*. Sin embargo, para las mujeres existen aún muchas ideas respecto al lugar que «nos corresponde», sin tomar en cuenta que somos capaces de adueñarnos de múltiples espacios y desarrollarnos exitosamente como todo ser humano.

Todos los trabajos que he tenido en mi vida han implicado compromiso y responsabilidad muy altos; además, no han sido trabajos que tradicionalmente sean ocupados por mujeres, como mi puesto en la dirección de Cerveceros de México. En ciertas etapas de mi vida profesional hubo personas que me recomendaron buscar un trabajo de medio tiempo, sobre todo cuando llegó la maternidad a mi vida. Pero no lo hice y no creo que lo haga a corto plazo.

==Como mujeres debemos aprender a ver más allá de la idea o la concepción de que estamos atrapadas entre el desarrollo personal y el éxito profesional.== Es completamente normal que sintamos miedo ante esto. Pensamos en nuestro futuro, tanto laboral como personal, y aunque quizá creemos que es posible encontrar un balance, no vemos claramente cómo. Sin embargo, la «decisión» no debe ser entre lo uno o lo otro. Puedes elegir ambos.

Se suele decir erróneamente que una mujer se ha realizado cuando es madre. La primera idea a desechar en este aspecto es que tener hijos nos realiza como mujeres. Existen mujeres que no tienen hijos y que no están en sus planes; no por eso son menos mujeres. Por otro lado nosotras, las mujeres con hijos, tenemos que aprender a concebirnos independientemente de ellos. Porque, después de todo, como seres humanos podemos ser madres, esposas, novias, amantes, hijas, hermanas, amigas, emprendedoras, científicas, jugadoras de futbol, guitarristas, ciclistas... podemos ser todo eso al mismo tiempo, sin necesidad de etiquetarnos.

Destaco esto porque, como dice Licia, «las mujeres se detienen laboralmente al estar pensando a futuro sobre la posibilidad de tener una familia». En este aspecto, no solo se habla de mujeres embarazadas, sino incluso de jóvenes, que aun antes de tener una pareja, se plantean dejar de trabajar por una situación que no ha ocurrido.

LIDIANDO CON LAS EMOCIONES

Ante esto, Sandberg insiste en que ==las mujeres no debemos retirarnos silenciosamente o tomar determinaciones por adelantado.== No podemos rendirnos profesionalmente ante una decisión de este tipo. En primer lugar, tan solo pensemos que este dilema no es algo que un hombre suele plantearse; en segundo, imaginemos el escenario donde una mujer, a partir de que se embaraza, deja de realizar acciones que la impulsen laboralmente ante el pensamiento de que en algún momento tendrá que tomar su descanso por maternidad. Este desapego puede llegar a provocar que se pierda tiempo de crecimiento profesional, aun cuando no se plantee dejar el trabajo por completo. En los mismos dos años en que cualquier otra persona puede crecer y escalar de puesto, una como madre también lo puede lograr.

Esto no quiere decir que sea fácil. Por eso necesitamos trabajos desafiantes y apasionantes, que nos impulsen a buscar este crecimiento aun cuando sea difícil (pero posible) encontrar nuestro balance interno y en casa. Porque el balance en casa hace toda la diferencia en el trabajo, como veremos más adelante.

También hay que recordar que ==jamás seremos perfectas en nada, aun cuando siempre podamos ser perfectibles.== Licia encuentra la situación un tanto irónica. «Ahora que empieza a haber más oportunidades para que la mujer trabaje, la barra de la maternidad perfecta también se ha elevado». Se nos vende la idea de que para ser madres idóneas tenemos que ser, prácticamente, pediatras, nutriólogas, maestras, psicólogas, y estar ahí junto a nuestros hijos las 24 horas del día, los siete días de la semana. Es la trampa de la culpa.

Sin embargo, jamás podremos ser las madres perfectas ni las emprendedoras perfectas. Habrá días en que se deba entregar a un área el 90 por ciento de nuestro esfuerzo y a otra el 10. Reconocer esto es muy importante, porque nos permite quitarnos de la mente un peso de encima. La manera de lograrlo es mediante la aceptación de las circunstancias y de los límites propios y ajenos, pues a partir de ello podemos organizarnos, desafiarlos si es necesario y priorizar.

> Dejemos de justificar lo que somos y
> lo que hacemos y por qué lo somos o
> lo hacemos ante nosotras mismas
> y ante los demás.

Como mujeres, desempeñamos muchos roles y tenemos diversas responsabilidades y asuntos que atender, por lo que aprender a organizarnos y a definir qué va primero, es un componente fundamental del éxito. Además, para encontrar el balance en casa hay que ser conscientes de la importancia de la segunda acción que propone Sandberg: ==«Hacer a la pareja un compañero real»==.

De cierta manera, hemos tenido más avances en términos laborales que en la casa. Si una mujer y un hombre conciben a un hijo, lo que suele ocurrir es que en la mujer recae tres veces más la carga de trabajo relacionado con los cuidados. No lo digo yo, lo dice ONU Mujeres en su comunicado de prensa de 2019 con motivo del Día Internacional de la Mujer. «Las mujeres prestan cuidados y realizan tareas —ambos no remunerados— 2.6 veces más que los hombres, y solamente 41 por ciento de las madres de todo el mundo que tiene hijas e hijos recién nacidas/os, recibe prestaciones de maternidad». En otras palabras, el trabajo de la mujer, aun fuera de la oficina, no termina.

Estas son otras cifras destacables del mismo estudio:

- En México, el 75.3 por ciento del valor del trabajo doméstico y de cuidados no remunerados es realizado por mujeres.
- De la misma forma, en nuestro país, este trabajo equivale al 23.3 por ciento del PIB.
- Por cada hora que un hombre dedica al trabajo doméstico, las mujeres dedican tres.

LIDIANDO CON LAS EMOCIONES

Es tiempo de dignificar el trabajo en casa para ambos géneros y de distribuir las responsabilidades del hogar.

Para Licia, si queremos promover la equidad de género, y específicamente en la crianza de los hijos, la primera semilla a cultivar son los vínculos entre padres e hijos. «Si logras que el papá y el bebé empiecen a sentir un vínculo, permites que tengan una relación más íntima, lo que te quitará un trabajo enorme». Asimismo, subraya la importancia de desapegarnos de esta responsabilidad y permitir que los padres tomen las riendas:

> No esperes que sea perfecto, ni busques ser la reina del bebé, porque necesitarás ese vínculo padre-hijo. Debemos soltar a los hijos y no exponerlos como si fueran parte de nuestra identidad. Hay que ver el panorama completo. Aunque hoy te dé ansiedad y miedo, será bueno para ti y para el bebé. Deja que el papá la riegue, porque a la tercera pondrá bien el pañal (al igual que tú). Ese es el principio para que los papás se enamoren de sus hijos para toda la vida.
>
> ==Una tiene que soltar.== No dejes que tu perfección sea enemiga de lo suficientemente bien que haga o no el papá las cosas. Se necesita que más padres se vinculen con los bebés, porque eso a nivel histórico cambiará todas las cosas. Los papás que son buenos papás son maravillosos. Tienen un rol importantísimo en la vida de sus hijos e hijas. Hay mil estudios donde se revela que los niños con mejores relaciones con sus padres son más seguros, extrovertidos, se recuperan mejor.
>
> En mi caso, el padre de mis hijos es un gran papá, lo que se refleja sin duda en la confianza y autoestima de los niños. Por ejemplo, la forma en que juegan con papá, al ser más brusca e intermitente, da como resultado niños con autocontrol y autorregulación de emociones.

Si bien hay situaciones donde simplemente el padre de los hijos no está, o, como en mi caso, el padre no sea nuestra pareja sentimental, se tiene que buscar un equilibrio en nuestras relaciones familiares para que exista no solo espacio para lo profesional, sino también para que, desde el aspecto personal, crezcamos todos.

Es importante mencionar también las distintas realidades que viven muchas madres en México y en el mundo en cuanto a la forma de ejercer su maternidad. Hay mujeres que deciden ser madres solteras; otras que, por circunstancias de la vida, no tienen una pareja con la cual compartir las responsabilidades de la crianza. Cuando eso sucede, la importancia de las alianzas y el apoyo del círculo más cercano (familia, amigas, compañeras y colaboradoras) se vuelve más relevante que nunca.

De la misma forma que debemos encontrar este equilibrio en casa e identificar los roles de todos, también tenemos que ver estos aspectos en el ámbito profesional y pensar: ¿qué rol jugamos en nuestro campo de *expertise*? ¿de qué manera influyen nuestras relaciones? Por eso tenemos que comprender cómo mejorar nuestras interacciones, tanto entre hombres y mujeres, como entre las mujeres mismas.

¿Conflicto en Venus?

Me preguntan mucho en conversaciones y entrevistas cómo es mi relación con las mujeres en el campo laboral. Como ya lo adelanté, para mí ha sido sumamente positiva. Sin embargo, para cualquier relación, lo más importante es el respeto: por el trabajo de la otra persona, su desarrollo, su proyección, su espacio. El respeto es la primera muestra de consideración y de amor hacia el otro. Debemos poner atención a este tema.

A lo largo de mi vida profesional, tanto en el ámbito público como en el privado, he tenido la fortuna de trabajar con mujeres talentosas que no se rinden, que buscan siempre más y que procuran desarrollar su potencial y sus capacidades; esto se refleja en sus tareas del día a día, tanto en lo laboral como en lo personal. Sin embargo, existe el concepto de que en las relaciones entre mujeres hay mucho más conflicto que en las relaciones entre hombres.

Algunos datos que Licia confirma son los siguientes:

- Las mujeres tendemos a disolver amistades con mayor frecuencia que los hombres. Pero cuando una situación así se presenta, hay que darle aire y tiempo a la relación; este espacio, combinado con transparencia de nuestra parte, permitirá recuperar la amistad.
- Si a una mujer le dan a escoger entre tener un jefe hombre o reportarle directamente a una mujer, prefieren elegir una figura masculina como autoridad. (Los hombres dicen que les da igual).
- En las calificaciones o *reviews* en empresas grandes, se ha encontrado que se da una mayor crítica negativa hacia las mujeres que hacia los hombres. Estas calificaciones suelen estar llenas de adjetivos negativos, por ejemplo: «Es mandona», «Le falta empatía». Como se espera inconscientemente que una mujer tenga mayor conexión con otra mujer, ante las negativas se empieza a vivir la relación de una manera mucho más agresiva. Por ello debo enfatizar dos cosas: 1) No esperes que tu jefa, por ser mujer, sea más empática, y 2) Si tú eres la jefa, habla de manera clara, directa y amable.

Licia afirma que, antropológicamente hablando, las mujeres llevamos compitiendo toda la vida. En un principio, por hombres; en la actualidad, por nuestro espacio en el ámbito laboral. Esto se agrava más si consideramos que todavía falta la inclusión de la mujer en el ámbito profesional de manera equitativa. De acuerdo con ella, una de las situaciones que se presentan en las relaciones laborales entre mujeres es la tendencia a esperar que la otra se vuelva tu amiga. Pero en cualquier situación laboral existe la competencia, de la cual ya hablamos antes en el apartado de la autopromoción. Por ello es importante destacar que en las relaciones profesionales debemos aprender a no tomarnos las cosas de manera personal.

El tema de la transparencia, por otra parte, es importante para este tipo de interacciones. Por ello es recomendable que, desde un principio, tanto en relaciones verticales como horizontales en el trabajo, haya un guion de preguntas a realizarnos, estableciendo inicialmente nuestra posición con respecto a la relación laboral. Algunos ejemplos son:

- ¿Cómo llevaremos nuestra relación?
- ¿Cómo navegaremos nuestras emociones?
- ¿Cómo te ayudo a ayudarme?
- ¿Cómo nos tratamos sin ser condescendientes?

Con el terreno claro, el trabajo se realizará de una manera más efectiva e, incluso, la relación laboral será más sólida.

Como podrás ver, el mar aún está inquieto por muchas razones. Si buscamos comandar el barco de la manera más efectiva, primero debemos concebir nuestra madurez emocional como líderes, esto influirá en nuestras dinámicas de trabajo. De la misma forma, debemos comprender cómo se manifestarán nuestras interacciones con los demás, buscando que los procesos sean lo más claro posible y tratando de romper con cualquier idea preconcebida de los roles que cada individuo debería asumir.

Una vez izadas las velas, es momento de contemplar el mapa y viajar a nuestro destino.

LIDIANDO CON LAS EMOCIONES

EN RESUMEN

▲ Reconocer nuestro miedo y su importancia es fundamental para embarcarnos en cualquier proyecto. Debemos buscar la manera de superarlo para tomar decisiones y actuar para vencerlo.

▲ Aprender a trabajar con nuestras emociones de una forma madura y racional nos permitirá crecer y desarrollarnos en nuestro trabajo. Jamás debemos suprimirlas, sino canalizarlas de la mejor manera.

▲ El síndrome del impostor, es decir, no poder asumir los éxitos propios o creer que somos un fraude, es normal. Para vencerlo, hay que reconocerlo y creer en nuestros propios éxitos.

▲ Tener autoconfianza y autopromoverse permitirá que se asiente la barra sobre la cual los demás te observan. Es posible que, por la misma autopromoción, se pierda simpatía, sin embargo, tus resultados y trabajo hablarán por ti a la hora de desarrollarte laboralmente.

▲ El equilibrio en las labores del hogar permitirá el desarrollo profesional de las mujeres, en la medida que asumamos nuestra influencia y ámbito de acción en el mercado laboral.

▲ Debemos reconocer las ideas preconcebidas que afectan nuestras relaciones laborales y la manera en que nos reconocemos como mujeres para trabajar de forma más equitativa.

▲ La transparencia es fundamental en nuestras relaciones laborales, en especial entre mujeres.

CAPÍTULO 3

La información es poder

La información es poder. No lo digo yo: cualquier directivo de una organización te lo puede afirmar. Es una herramienta que te da elementos para ser asertiva, te permite tener el control sobre las situaciones y las acciones a tomar, y te dota de libertad, sobre todo para la toma de decisiones.

Es más fácil tomar una decisión cuando eres consciente de dónde vienen los datos y a dónde te pueden llevar.

«La información es un arma y una herramienta. Sirve para exigir», afirma Tania Montalvo, periodista y directora editorial de *Animal Político*. Como periodista, ciudadana y mujer, comprende el peso de la información. «Necesitamos estar informadas de procesos para saber a dónde movernos y también comprender cuál es la información que debemos proveer».

Una mujer bien informada de lo que sucede en su entorno, en su país y en el mundo sabrá cómo dirigirse en los negocios y en la vida, y podrá establecer conversaciones, negociar y trabajar con los demás de una manera más efectiva. En plena era de la gestión de los datos, la información es el instrumento más importante para cualquier organización.

Comprender el mundo y nuestro país

¿Por qué informarnos de lo que ocurre en México? Porque es el contexto económico, social y político en el que nos desarrollamos profesionalmente, con nuestro emprendimiento o dentro de una empresa, corporativo u organización. ==Y el contexto lo es todo.==

Además, mediante la información podemos acercar a los demás a participar y trabajar en conjunto para romper barreras y obstáculos. Si nos informamos y buscamos comprender cómo funcionan las ideas en la mente de los demás, podremos encontrar mayores coincidencias.

Cada una, desde su lugar, puede promover que más gente tenga acceso a la información y a recursos para llevar a cabo mejor su trabajo. Para empezar, hay que promover la lectura. En nuestro país la gente no lee, ¡ni los correos electrónicos!

Pero volvamos al punto. ==No solo se trata de saber lo que ocurre en nuestro país, sino también de estar al tanto de lo que sucede en el ámbito internacional.== De la misma forma en que importa estar informadas de lo que acontece en nuestro contexto directo para tener impacto sobre él, si aspiramos a que nuestros proyectos tengan un alcance global, o si queremos estar preparadas para las eventualidades de este mundo globalizado, donde lo que sucede en el extranjero tiene el potencial de afectar al resto del planeta, es necesario comprender lo que ocurre más allá de nuestro país.

Actualmente, escoger la información que nos sirva puede ser difícil por su abundancia. Estamos inmersas en un mundo que se mueve a través de caracteres y nos bombardea con datos las 24 horas de los siete días de la semana. Muchas veces, ante el constante caos de noticias en los medios de comunicación, una puede llegar a sentirse harta y hasta agotada, pero estar informadas nos ayuda a vencer la indiferencia, la desidia, y a mantenernos activas en nuestro entorno.

Encontrar espacios informativos en una agenda apretada

Mi recomendación es incluir espacios en nuestra vida cotidiana para que en la rutina haya lugar para la información. Por ello, apartar en nuestras agendas diarias tiempo específico para documentarnos es un gran tip. «Así como tomamos 15 minutos para disfrutar un café, deberíamos tener unos 15 minutos para informarnos», puntualiza Tania. Además: ¿qué mejor que la dupla de noticias y un buen café por la mañana?

Yo he encontrado múltiples formas para que la información llegue a mí y en la actualidad existen más propuestas informativas de las que pueda puntualizar por escrito. Pero aquí te dejo algunas acciones, ideas y recursos a los que puedes recurrir para incluir espacio para la información en tu agenda.

Back to basics: haz uso de los medios tradicionales

No te propongo que leas un periódico completo o te sientes a ver/escuchar un noticiero íntegramente (aunque si puedes hacerlo, sería excelente). Pero intenta incorporar en tu rutina:

- **Leer** las primeras planas de los periódicos.
- **Sintonizar** en el radio programas informativos mientras estás en el auto, caminando o en el transporte público (o mientras haces cualquier otra cosa de tu rutina).
- Si lo tuyo es la televisión, **ver** un programa de noticias en algún momento de tu día.
- **Escuchar** *podcasts* que abarquen problemáticas actuales.

Si bien es preferible prestar completa atención a la información que podríamos obtener en los medios, la verdad es difícil lograrlo. Pero abrir los espacios permite que leamos, escuchemos y analicemos la información.

También, algo que recomiendo ampliamente respecto a los medios tradicionales es buscar sus contrapartes digitales. En las redes sociales de tu preferencia, sigue a los medios. Por ejemplo, yo sigo a medios como *Milenio*, *Reforma*, *The New York Times*, *Forbes*, *El Financiero* y W Radio tanto en Facebook e Instagram como en Twitter, lo cual permite que en mi *feed* se cuelen las noticias y que incluso me lleguen de manera inmediata.

Hay que buscar la pluralidad en la información. Los medios suelen encuadrar los hechos de acuerdo con sus tendencias y agendas; por lo tanto, para lograr una visión más amplia de lo que ocurre, es importante buscar los contrapesos. Combina la lectura de periódicos con tendencias de derecha con los de izquierda y viceversa; tener ambas perspectivas, sin importar tu tendencia política, te permitirá contemplar los hechos de una manera más abierta. Si sigues a CNN, también puedes seguir a FOX News; si sigues al *Reforma*, también puedes informarte en *La Jornada*. Intenta complementar las perspectivas.

Los portales digitales: una nueva frontera

Tenemos que aprovechar la era en que vivimos: lo digital hace una gran diferencia para el acceso a la información y nos permite estar activas en tiempo real. Aunque claro, hay que ser responsables en su uso. Así como te recomiendo contemplar las perspectivas tradicionales, también es importante informarnos a través de los medios digitales, como lo son en México *Animal Político* y *Cultura Colectiva*, y a nivel global el *Huffington Post*, *The New York Times* y Reddit. Estos medios suelen contextualizar la información y publicarla de una manera más efectiva y comprensiva con la audiencia actual. Saben utilizar las redes sociales para divulgar las noticias y llegar a más gente, así como presentarlas de una manera llamativa.

A bote pronto, te recomiendo seguir a *Animal Político* (también Tania lo recomienda, no solo porque trabaja ahí, sino porque garantiza que la información que te llegue será verídica) o, si te gustan las infografías, Pictoline, que también te puede informar de una manera dinámica y divertida. Yo los sigo en Instagram.

La maravilla de los *newsletters* y los *podcasts*

Si lo que buscas es dinamismo en la información, los *newsletters* son una manera muy efectiva de que esta llegue directo a tu bandeja de correos y que, en esos 15 minutos que tengas marcados en tu agenda destinados para informarte, puedas leerlos.

La mayor parte de los medios ya mencionados, cuentan con un *newsletter* al cual te puedes suscribir, solo es necesario compartir tu correo. Yo intento leer diario *The New York Times*, por ejemplo. *Animal Político* tiene la ventaja de que te manda *newsletters* matutinos y vespertinos a tu correo electrónico (para que empieces informada y te puedas actualizar a lo largo del día).

Recientemente descubrí otro tipo de servicio de noticias diarias, de lectura fácil y amigable, como son las propuestas de Telokwento, Expresso mexicano, o Periodic, a los cuales te suscribes y te mandan a tu correo un resumen de las noticias más destacadas.

Pero si lo tuyo es más escuchar que leer, o quieres complementar lo leído, también te recomiendo escuchar *podcasts* como los de la BBC, CNN en español y *The Economist*, en plataformas como Apple Podcasts o Spotify. A mí me encanta la plataforma y la app de Así como Suena, donde siempre hay *podcasts* originales, por ejemplo, de análisis político y cultural. Son otra manera de incorporar a tu rutina, sin necesidad de horarios, espacios informativos diarios.

Descubrirás con tan solo una de estas recomendaciones que la información está a tu alcance, solo es cuestión de abrirle la puerta para que pueda llegar a ti. Ahora bien, debemos ser conscientes de que la información que recibimos tiene su peso y que varía dependiendo de la fuente. Por ello es vital reconocer cuando la información es veraz y no caer en la desinformación: la verificación desempeña un rol muy importante.

Combate la desinformación

Conforme empieces a llenarte de información, descubrirás que también es muy fácil desinformarse por medio de datos de mala calidad, incluso falsos, por diferentes razones: la desactualización de los hechos, fuentes engañosas o tendenciosas e información incompleta. Debido a la dinámica actual, la información puede llegar a ser tanto verdadera como falsa, incompleta, poco confiable o simplemente, poco relevante.

> Antes de compartir cualquier cosa es importante verificar que la información sea veraz, ya que el impacto de esta puede ser grande.

Como explica Tania: «Es fácil recibir mucha información y compartirla, pero también hay una responsabilidad de discriminar información chatarra, que no explique y solo descalifique. Antes de compartir hay que revisar. No estamos acostumbrados a cuestionar el origen al recibir información».

LA INFORMACIÓN ES PODER

Cómo verificar la información que recibimos

1. **Busca el texto en internet.** Si te llega una noticia cuestionable, busca más fuentes que hagan referencia a los hechos. Si no las encuentras, la posibilidad de que la noticia sea falsa es muy alta.
2. **Evalúa la fuente.** Si la noticia proviene de un medio reconocido y renombrado, puedes tener cierta certeza de que es confiable (aunque por factores humanos, es posible que también se equivoquen), pero si la noticia viene de una fuente desconocida, cuestionable o poco profesional, mejor no le hagas caso.
3. **Lee bien las notas; los titulares pueden desinformar.** En esta época digital, hay medios que titulan sus textos de forma amarillista para obtener *clicks*: el denominado y famoso *clickbait*. Por ello es muy importante no dejarse influenciar solo por el encabezado de las noticias, también hay que leer su contenido. (¡Hasta la última palabra!)
4. **Revisa de cuándo y de dónde es la información.** La información se puede desactualizar y descontextualizar, por lo que también hay que revisar estos datos.
5. **¿Ver para creer? No te dejes llevar.** Hoy en día, la frase «Una imagen dice más que mil palabras» es muy incierta, sobre todo considerando que es posible manipularlas. Una forma de verificar las imágenes es copiándolas en Google Images para revisar si hay coincidencias con la información.

Con estos tips básicos, podrás analizar de una manera más concreta la información que te llega a través de las redes sociales y el internet, aunque puede llegar a ser un ejercicio mucho más grande, como lo demostró VerificadoMx. Pero con esto te puedes dar una idea. Tienes que dar el ejemplo y siempre procurar compartir la información más exacta. ¡Lo contrario puede salir muy caro y hasta costarte tu trabajo!

En el contexto laboral y empresarial, podremos ver que en nuestros mismos proyectos la información tiene un gran peso, tanto en la forma en que los planteamos como en la que los desarrollamos.

La información desde una perspectiva empresarial

Cuando apliqué a la Dirección General de Cerveceros me entrevistaron muchísimas personas; tenían miedo de equivocarse conmigo porque contratar a alguien y luego despedirlo te sale caro: la curva de aprendizaje y el tiempo que se puede perder junto con el presupuesto destinado. Sé que competí con otros hombres y mujeres y, tras un largo proceso de selección, quedé yo. Cuando me contrataron me dijeron: «prométenos que te quedas al menos hasta el 2018», y fue un trabajo que tuve hasta mediados de 2019; un proceso de mucho crecimiento para mí.

Para todo esto fue necesario llenarme de información con el fin de entender la idiosincrasia de las compañías cerveceras. Me adentré en un sector, el cervecero artesanal, que era completamente desconocido para mí. Tuve que entender el sistema de cámaras industriales; yo no sabía, por ejemplo, qué era la Coparmex, la Concamin; no sabía cuál era la diferencia entre una asociación, una cámara empresarial o una industrial. Leí muchísimo.

Así pasa cuando arrancas cualquier proyecto, empiezas a trabajar en una industria o buscas crecer. Hay que leer e informarse mucho. Yo empecé utilizando lo que estaba a mi alcance y aproveché herramientas como Google al máximo. Después me centré en información más especializada en el sector.

==Como líder, tienes que comprender tu sector y el ambiente laboral en el que trabajas.== Desde informarte de procesos internos hasta analizar cómo operan la industria y tus competidores, y las innovaciones que se presentan. Si surgía un método más eficiente para utilizar el agua para la producción de cerveza, ¡tenía que informarme al respecto!

Como en cualquier proceso, hay que tenernos paciencia en el trayecto para que los temas y los conceptos se vayan asentando; ==es necesario pasar por una curva de aprendizaje, siempre.==

En la vida vas cambiando de desafíos: lo que en algún momento te quitaba el sueño, porque lo veías fuera de tus posibilidades, de repente se vuelve tu día a día.

Recuerda que hay buscadores de empresas (como Infoisinfo, Global Database, o Infored) para comparar datos, contrastar información, buscar socios o conocer a la competencia. Aprende que siempre habrá avances tecnológicos que puedes aprovechar o que debes conocer para fomentar el crecimiento de tus proyectos. La estadista Madeleine Albright dijo de forma muy congruente que «Como líder debes tener la habilidad de asimilar información nueva y entender que puede haber un punto de vista diferente».

Siempre llega nueva información, por lo que debes estar empapándote de lo que acontece en tu sector, en tu país y en el mundo. ==Debes tener claridad sobre cuáles son tus prioridades informativas,== como lo puntualiza Tania:

Cuando hablo de información no me refiero solo a lo político, sino también a temas en general que te interesen y que te permiten estar activa en tu trabajo. Es importante definir esas prioridades personales y profesionales, de ahí eliges tus fuentes. Una fuente confiable es aquella que, aparte de dar información, está dispuesta a dialogar, a responder tus dudas y a explicar también aquello que no comprendes. Es una fuente que, sin duda, también te brinda herramientas.

La información que llega a tus manos es la que te brindará la capacidad para tomar decisiones de una forma más clara y contundente, aunque en este proceso siempre influyen muchos factores.

Tomar decisiones: un balance entre la intuición y la información

Para que la toma de decisiones sea asertiva, debe llevarse a cabo mediante un balance entre la información que se tiene y la intuición, una herramienta que las mujeres tenemos muy afilada. El balance entre ambos aspectos es un asunto valioso en el desarrollo personal.

Te contaré una anécdota desde mi experiencia. Cuando llegué a Cerveceros de México, en 2015, recientemente se había presentado la segunda edición del festival de Cerveceros de México. Este festival era un evento que traía mucha alegría y festividad a la industria. Por lo tanto, era de esperarse que realizáramos su tercera edición en 2016 y, gracias al talento y trabajo de todo el equipo y de los cerveceros, quedó increíble. Guardo grandes recuerdos de aquel evento.

Sin embargo, el festival representaba un alto porcentaje del presupuesto anual. Además, analizando los reportes globales del festival, noté que no daba los resultados esperados de acuerdo a la inversión, y que no estaba contribuyendo a las marcas, al menos no de forma equivalente al desgaste que significaba llevar a cabo el evento.

Recuerdo que, a finales de ese año, uno de mis jefes me pidió que revisara el tema. Para 2017, en enero, en plena revisión del proyecto, me dije: «Esto no va funcionar». Había una larga lista de motivos por los que el evento se debía hacer: desde aspectos festivos, los costos y el tiempo ya invertido, hasta la tradición de la misma cámara. Pero mi instinto, basado en la información que contemplaba, me decía que no siguiera con el festival. Seguí mi instinto, y fue un gran acierto. Tuvo costos, obviamente, pero logré utilizar ese mismo presupuesto en inversiones que dieron un mayor retorno.

Por eso, para la toma de decisiones de cualquier proyecto, te invito a que recurras tanto a la información como al instinto de una manera balanceada. Por un lado, no te apresures a decidir con las meras agallas, siempre busca sustentar tus «presentimientos» con datos y hechos; por el otro, contempla y analiza la información de manera detenida, pero no permitas que esta te aturda para actuar, especialmente si tu intuición te llama a tomar acciones.

Así como tienes que aprender a tomar decisiones basándote en la información, también es importante comprender cómo distribuirla y cómo el flujo de la información puede mejorar el desempeño en el trabajo, aún más cuando hablamos de un trabajo en equipo, tanto de manera vertical (de jefes a equipo de trabajo), como horizontal (con tus colegas).

Manejar la información en equipo

Informarse es necesario para el desarrollo laboral. Pero así como recibir la información tiene su importancia, también tiene su peso la forma en que la manejamos. Sobre todo al ser conscientes de que la información puede ser un arma de doble filo: si la usamos de manera adecuada podemos conseguir que avance cualquier proyecto; en cambio, su uso inadecuado puede generar crisis e incluso hacernos fracasar.

Debemos tener también un balance entre la información que requiere manejarse con discreción y aquella que debe trabajarse con transparencia. Hay que aprender a ser discreta cuando es pertinente, especialmente para algunas posiciones dentro de una organización. Por ejemplo, si en un corporativo sabes que se hará un negocio importante con otra empresa pero que es información confidencial, hay que saber guardarla. Si sabes que alguno de tus jefes o compañeros se moverá a alguna nueva oportunidad y te lo está confiando, no debes decírselo a nadie. Si un grupo de inversión te proporcionará una determinada cantidad de dinero para emprender tu proyecto, pero sabes que es información delicada, tienes que guardar cierta precaución y responsabilidad con los datos que manejas.

Por otro lado, siempre habrá información a la que todo mundo tendrá que acceder. Desde cuestiones financieras hasta lo referente a las políticas de la misma empresa. La transparencia es fundamental para el manejo efectivo de procesos.

Por ello te propongo que, como líder, te preguntes: ¿cómo propicio a que fluya la información?

En los equipos, una de las grandes quejas suele ser que el jefe «no baja la información», por ejemplo: queda de acuerdo en algo con el cliente y una ni se entera, ¡aunque sea parte de tu chamba!

Es muy importante buscar que nuestra comunicación con superiores, colaboradores y equipos sea efectiva y clara para que los proyectos avancen. Cuando quieras comunicar algo, siempre ten en mente a quien está del otro lado.

Déjame decirte algo que podrá cambiar la forma en que entiendes tu comunicación con los demás: si la otra persona no entiende de lo que hablas, es más responsabilidad tuya que del otro. Por ejemplo, imagina que estás jugando a la pelota con otra persona. El objetivo es lanzársela y que esta no caiga al suelo. Si la lanzas muy fuerte, muy alto, muy débil o muy bajo, lo más probable es que se le caiga. Podrías pensar que la otra persona no estaba prestando atención, pero si lo meditas profundamente: es TU deber lanzársela correctamente.

Recuerda: una buena líder comunica e integra a la gente.

LA INFORMACIÓN ES PODER

En mi caso, lo que me ha servido mucho es que inmediatamente escribo a la gente involucrada cuando reconozco las áreas en que se trabajará un proyecto. La tecnología, sobre todo en la actualidad, hace relativamente sencilla esta tarea, pues nos permite bajar la información en el momento propicio.

Estas son algunas de las herramientas tecnológicas que te pueden ser útiles para manejar la información en un equipo de trabajo:

- **Whatsapp (o cualquier medio de mensajería instantánea):** es más fácil obtener una respuesta inmediata a través de un mensaje de texto que mediante un correo electrónico. No es solo para uso profesional, pero funciona. Por ello recomiendo que cuando tengas la información básica en mente, la comuniques a través de un medio de este tipo. Además, puedes crear grupos en la plataforma para tener al tanto a más de una persona de lo que esté ocurriendo. Te recomiendo previamente asentar las reglas de estos grupos de comunicación y limitarlos para el uso laboral mediante un objetivo determinado.
- **Slack:** es una plataforma que administra equipos, contactos y canales para que todos tengan la información de los proyectos de una manera organizada. Los equipos trabajan en canales donde concentran las herramientas y archivos de tal forma que todos están al corriente de lo que ocurre en los proyectos.
- **Microsoft Teams, Zoom y Hangouts:** son excelentes herramientas para comunicarse a distancia.
- **WeTransfer:** sirve para compartir archivos, sobre todo pesados, que un correo electrónico convencional no aguantaría.
- **Nubes en línea:** abarcan desde la nube sencilla de Google hasta su G Suite o herramientas como Dropbox. Estas permiten compartir archivos que las partes involucradas pueden actualizar simultáneamente. Por lo tanto, el equipo entero puede tener acceso a la información que necesiten para realizar su trabajo.

- **Asana:** es una herramienta para tener una colaboración de equipos y proyectos de una manera más sencilla. Con ella puedes generar planes visuales, estructurar el trabajo en equipo y tener siempre a la mano la información de los proyectos al integrarla con otras aplicaciones, como Google Drive.
- **Ideaflip:** es una plataforma que facilita la lluvia de ideas de los equipos a distancia de una manera más visual (lo cual puede disminuir la *juntitis* que puede existir en un ambiente laboral).

En fin, estas son solo algunas opciones para mejorar el flujo de información en un equipo de trabajo. Pero existen miles, algunas más especializadas que otras, que se pueden utilizar para que la información encuentre su cauce correcto.

Como habrás comprendido a estas alturas, la información tiene un gran rol en nuestro desarrollo profesional y su uso correcto nos permite crecer y expandir nuestros proyectos, así como ayudar a nuestro equipo a mejorar. Es muy importante mantener los flujos de comunicación abiertos y estar al tanto de nuevos datos.

Recuerda: darle espacio a la información en sus diferentes presentaciones en nuestra vida diaria nos permite crecer como líderes y actuar de una manera más asertiva y decidida.

LA INFORMACIÓN ES PODER

EN RESUMEN

▲ La información nos da poder para actuar, decidir y crecer de una manera más efectiva.

▲ Hay que estar en contacto constante con fuentes de información en diferentes niveles: desde aspectos nacionales y globales, hasta aquello que influye en nuestros sectores profesionales.

▲ Debemos incorporar un espacio en nuestra rutina para estar informadas.

▲ Existen diferentes canales de información que nos permiten incorporar la información en nuestra agenda diaria.

▲ Es muy importante verificar la información que recibimos para hacer un manejo adecuado de ella.

▲ Establecer un flujo adecuado de información permitirá que se trabaje de una manera más eficiente y adecuada en cualquier organización.

CAPÍTULO 4

Manos a la obra

―――

Trabajo, trabajo, trabajo. Este es el
fundamento de toda líder.

―――

E n los capítulos anteriores hemos hablado de cómo reconocernos, de romper paradigmas, de la importancia de la información y de cómo vencer los miedos que encontremos en el camino. Pero después de realizar todo este trabajo introspectivo, es hora de ubicar nuestros objetivos y esperanzas en la tierra, planear y poner manos a la obra.

Regresemos al barco. Como líderes debemos saber conducir el navío y viajar a través de las aguas. Porque, en principio, ninguna buena capitana dejaría el puerto sin tener un destino o, al menos, un mapa con el cual explorar. Después de un arduo trabajo interno, es momento de tomar camino. ¿Y cómo lo hacemos? Trazando la ruta y tomando acciones.

Por ello, en este capítulo hablaremos de la planeación, de cómo ejecutar proyectos y la manera en que podemos propiciar que el trabajo se realice, y así, alcanzar nuestros objetivos.

Es hora de tomar decisiones y ejecutarlas, siempre con confianza, concentradas en el trabajo que nos queda por delante para llegar a nuestro destino y alcanzar resultados concretos. Recuerda que planear implica tomar decisiones, trabajar es gestionarlas y traducir los anhelos en algo real.

Asertividad en tiempos de decisiones

Tienes una idea. Se alinea con tus pasiones e intereses. Hiciste un análisis FODA y comprobaste que vale la pena perseguir el proyecto: ya sea un emprendimiento, un nuevo puesto en el trabajo, una inversión o lo que sea. Sin embargo, aun en estas situaciones, pueden surgir dudas. Es en este punto, cuando ya identificaste lo que quieres, que te invito a darle una segunda revisada: ¿el proyecto en el que te embarcas te gusta y/o te apasiona? Si no es así, vuelve a empezar. ¿Crees en él plenamente? Adivinaste. Si no es así, empieza de nuevo. ¿Estás dispuesta a trabajar duro para conseguirlo?

Explora en tu interior y pregúntate cuantas veces necesites: «¿Qué resuena en mí?». Porque estamos justo a punto de zarpar. Una vez mar adentro, es muy difícil regresar al punto de partida. Lo digo porque se viene un tiempo de trabajo intenso en el que te enfrentarás a la faena de la rutina diaria, a conflictos y problemas por los que habrá días cansados; por ello tienes que identificar tu objetivo, pues es imprescindible que tus ojos estén bien puestos en él y no te desvíes ante la adversidad.

Por ejemplo, recientemente participé en un taller. Volver al salón de clases me hizo recordar lo feliz que me hace estudiar y compartir con otras personas opiniones y formas de trabajar. Descubrí que, en algún momento de mi vida, quiero regresar a los estudios…, y a la larga dar clases. Aunque en este preciso momento no pueda, porque cualquier nuevo proyecto implica menos tiempo con mis hijos, sé que llegará el momento propicio. Es un ejemplo, quizá simple, pero real. Así se toman y estructuran las decisiones, con base en nuestras prioridades en la vida.

Por cierto, a la hora de plantearte tus objetivos ten en cuenta que la edad no determina nada, sino tu etapa de vida. Esta tiene que ser compatible con tus metas, de lo contrario, tendrás que plantearte hasta dónde estás dispuesta a ceder o sacrificar para lograr que empate con ellas.

Ahora bien, ya que identificaste qué es lo que quieres, es momento de ser asertiva, tomar acciones, trabajar y buscar resultados. Tienes que reafirmar tu convicción, sobre todo al inicio. ¡No niegues en la oscuridad lo que ya viste en la luz!

Y recordemos algo: cualquier proyecto en la vida tendrá días de subidas y bajadas. Puedes sentirte muy segura en un momento y al siguiente sentir desconfianza. Cuando eso ocurra, vuelve a la convicción de tu proyecto. Tienes que ser asertiva y amar tus decisiones.

Recientemente vi en el perfil de Eva Vale, una artista plástica sumamente reconocida con una cuenta de Instagram increíble (síguela, por favor, es una joya), una historia que explica la siguiente situación: «Decides comerte un hot dog, en vez de una hamburguesa. ¿Qué pasa? Que mientras te comes el hot dog estás pensando en la hamburguesa». Eso no es amar tus decisiones. Para nada.

Cuando tomas una decisión, tienes que amarla y reafirmarla constantemente.

Tienes que acompañar tus decisiones con la actitud correcta, ir a la esencia de las cosas y, si algo no te gusta, cambiarlo. Ya que reafirmaste tu decisión e identificaste tu pasión, hay que trabajar en torno a resultados. Para ser asertiva es fundamental entender qué es prioritario en cierta circunstancia y qué no; qué podemos ceder y cuáles son esos aspectos que en alguna situación, negociación o conversación son irreductibles para nosotras, es decir, que no podemos conceder en definitiva.

Debemos priorizar nuestros objetivos y saber contemplar los caminos para llegar a ellos, arrojar hacia adelante los recursos a nuestro alcance para proteger nuestros intereses y defenderlos con serenidad y visión estratégica.

Nadie es asertivo en todas sus decisiones. Es imposible serlo todo el tiempo puesto que se trata de un tema de inteligencia emocional. Se puede ser asertivo en lo profesional y carecer de asertividad en lo que concierne a nuestra vida privada, o viceversa.

Recuerda: ==no por alcanzar nuestros objetivos, perdamos de vista a los demás.== Para forjar el entendimiento y encaminarnos hacia el éxito, debemos entender y asimilar los derechos y el valor de los otros, especialmente cuando se trabaja en equipo. No te preocupes, hablaremos sobre esto más adelante.

¿Cómo identificamos qué escenario es el mejor?

Siempre que elaboremos un plan, debemos tener en cuenta todos los escenarios posibles. «¿Qué pasa si ocurre...?».

Así como en las ciencias económicas se realizan proyecciones basadas en los datos y las tendencias, ==la construcción de escenarios implica visualizar, a partir del objetivo o el futuro deseado que queremos alcanzar, los múltiples caminos a tomar antes de ejecutar cualquier acción.==

No podemos controlar el futuro, espero que nunca lo hagamos, pero siempre podemos explorar los futuros posibles para trabajar nuestros proyectos de manera más efectiva.

Ahora, ¿cómo construimos escenarios posibles para tomar decisiones?

Tuve la fortuna de conversar con la doctora Guillermina Benavides Rincón, directora de la maestría en Prospectiva Estratégica del Instituto Tecnológico de Monterrey, y entiende perfectamente esto desde una lógica organizacional. Su trabajo se especializa en *prospectiva estratégica*, un concepto que incide en la construcción a futuro de proyectos, donde utiliza métodos cualitativos para ayudar a empresas a determinar su futuro.

«No debes planear para un solo futuro, sino planear para múltiples», afirma contundentemente. «Al ser incierto el futuro, planear para una sola vía te vuelve vulnerable. Porque las fuerzas del contexto no están bajo tu control».

Así, Guillermina propone lo siguiente:

1. Visualizar los futuros posibles.
2. Plantear lo que se desea lograr.
3. Identificar los planes alternativos.

Tu capacidad de respuesta, de la cual hablaremos más adelante, dependerá de qué tan bien construyas estos escenarios.

―

Hay que planear para múltiples escenarios, aun teniendo un futuro deseado.

―

Además, a lo largo del camino tienes que monitorear. Esta es una parte importantísima del desarrollo de un proyecto: la revisión, el monitoreo, la supervisión. A través de esto puedes ir identificando las múltiples variables que te permitirán tanto verificar como modificar las siguientes acciones a tomar. Bien decía el político griego Pericles, que «La cuestión no es predecir el futuro, sino estar preparados para él».

Ahora bien, para la construcción de escenarios necesitaremos mucha imaginación y creatividad; partir de una reflexión completa del hoy, así como expresar asertivamente los objetivos que queremos cumplir. Necesitamos visualizar ese futuro que queremos para preparar el camino, proveyendo los medios necesarios para alcanzarlo.

> **Te propongo que respondas las siguientes preguntas (ya sabes, toma lápiz y papel)**
>
> 1. ¿Qué quieres y qué deseas hacer?
> 2. ¿Cuál es el futuro que deseas?
> 3. ¿Cómo puede ser ese futuro?
> 4. ¿Cómo es el presente?
> 5. ¿Qué distancia hay entre la realidad y el futuro?
> 6. ¿Qué deberías de hacer? ¿Por qué y para qué?
> 7. ¿Cuáles son las vías para acercarnos a este proyecto?
> 8. ¿Qué puedes hacer y cómo?
> 9. ¿Qué harás? ¿Cuándo?
> 10. ¿Qué es lo mejor que puede pasar?
> 11. ¿Qué es lo peor que puede pasar?
> 12. ¿Qué necesitas para conseguir los resultados deseados?

Un buen ejemplo de esto tiene que ver con la realidad de una organización y el sueño hacia donde quieras llevarla. En mi experiencia profesional, al empezar a dirigir la Fundación Lala me percaté de que atravesaba una circunstancia específica, y tanto mi equipo como yo y los propios directivos vislumbramos y trabajamos en una idea/sueño de aquello en lo que la propia fundación debería convertirse. Es justamente en ese *gap* en lo que trabajamos día con día: cómo llegar del punto A (realidad) al punto B (sueño). Esto es en lo que debemos enfocarnos.

A trabajar

Decía la escritora y filósofa francesa Simone de Beauvoir: «Mediante el trabajo ha sido como la mujer ha podido franquear la distancia que la separa del hombre. El trabajo es lo único que puede garantizarle libertad completa». Considero que es cierto. El trabajo es liberador y enriquecedor. Te permite hacer que las cosas sucedan.

Como ya mencioné, cuando llega un proyecto hay que analizarlo desde el instinto y la información a la mano. De principio, hay que reflexionar sobre cómo llegamos a él, generalmente es por dos vías: de tu propia cosecha o un tercero te lo presenta (que puede ser de tu equipo, una agencia, un conocido o gente del mismo gremio en el que te desarrollas).

Al plantearse la idea de un nuevo proyecto, pueden ocurrir dos cosas en nuestra cabeza: una reacción negativa porque el proyecto se presenta como inviable, inconveniente, absurdo y/o nada enriquecedor y, por lo tanto, se desecha, o una reacción positiva, con la cual la mente procesa diferentes tipos de «sí»: «sí, me encanta», «sí, pero tengo mis dudas», o «sí, pero es peligroso». Estos diferentes tipos de «sí» se relacionan con la exploración de futuros a través de la construcción de escenarios. Te propongo, por lo tanto, tomar las siguientes acciones para explorar nuevas ideas o proyectos:

- ✦ Observa los pros y contras del plan.
- ✦ Analiza tanto el costo monetario del proyecto como el tiempo de realización.
- ✦ Ten al mejor equipo a la mano para que te indique el impacto que el proyecto tendrá en sus diferentes aspectos (económico, mediático, social, ambiental, por ejemplo). Si se trata de algo a menor escala, puedes consultarlo con tu familia y

amigos, o con algún conocido que tenga *expertise* en el campo a tratar.

Una vez que cuentes con las variables, lo mejor es debatir o ponderar el proyecto con quienes toman las decisiones, presentarles el plan con los costos, el tiempo, los objetivos y los resultados esperados. Si es un proyecto que pretendes realizar tú misma, prepáralo con el mismo esfuerzo y detalle, como si fueras a presentarlo ante la junta directiva con más prestigio en el país. El cálculo de estos factores debe hacerse de una manera minuciosa y realista. Puedes utilizar diversas herramientas, como líneas de tiempo, plantillas de presupuesto y documentos que plasman los objetivos y los resultados esperados con claridad.

Ya que queda aprobado el proyecto, ponemos manos a la obra. ¿Cómo? Trabajando, trabajando, trabajando. Lo cual implica tener sesiones periódicas con el equipo para reportar avances, decidir los siguientes pasos a tomar y detectar tanto las oportunidades como los riesgos. Además de esto, se debe tener comunicación en todo momento.

Ahora, hay algunas cosas a tomar en cuenta mientras se ejecuta un proyecto:

- ◆ Todo proyecto puede llegar a fastidiar, incluso el más apasionante. Por lo mismo, no pierdas de vista tu objetivo ni por qué estás haciendo lo que haces. Cuando comencé con el proyecto de la Cerveza Dual, por ejemplo, primero combatí varias negativas dentro de la organización. Cuando me dijeron que sí, contratamos a una persona que terminó decepcionándome. Llegó un punto en que tuve mayor carga laboral de la que esperaba y no sabía qué hacer con ella. Afortunadamente, apareció la persona que terminó llevando a cabo el proyecto conmigo, Claudia Curiel. Sin ella, no podría haberlo realizado.

- **Contemplemos las crisis como sorpresas y agradezcamos que se presenten.** En esa misma situación de la Cerveza Dual, aprendí que a veces un obstáculo puede ser tu mayor fortuna. Que se fuera la primera persona fue horrible, pero la llegada de Claudia cambió por completo el juego.
- **Espera siempre lo mejor de tu proyecto, pero prepárate para el peor escenario posible.** Cuando hagas tu construcción de escenarios podrás contemplar esto de una manera más clara. Pero siempre tenlo en mente.

Evidentemente, desarrollar un proyecto implica llevar a cabo múltiples acciones, entre ellas juntarte con muchísima gente. Mientras lo ejecutas, es común que te preguntes para qué estás trabajando tanto. Pero hay que recordarnos, durante todas las partes del proyecto, los motivos fundamentales que te llevan a estar en un momento determinado o a realizar una acción. Suelen ser interminables los porqués cuando estás realizando un proyecto, pero es de vital importancia tenerlos en mente para mantener la frente en alto.

El mayor recurso: tu equipo

Es imposible llevar un proyecto a buen puerto si no cuentas con el equipo idóneo para hacerlo. La manera en que estructures y consolides un equipo de trabajo va a reflejar no solo tu liderazgo, sino también tu capacidad para dar resultados.

En el momento de conformar tu equipo, nunca escatimes tiempo, recursos ni intención. Va a ser necesario revisar perfiles y hacer entrevistas a profundidad, junto con los exámenes correspondientes. Necesitarás saber qué porcentaje de los recursos financieros que tienes van a ser destinados a la conformación del equipo que realizará el trabajo. Sin embargo, y de acuerdo a la naturaleza de los propios proyectos o emprendimientos, es común que los recursos asignados puedan ser limitados y para ello hay que poner atención al aspecto no monetario de motivación de los equipos. Algunas ideas pueden ser:

1. Ayudar a los integrantes del equipo a construir su trayectoria profesional, pues contribuyes a la certeza de su desarrollo.
2. Hacerlos parte del sueño de la organización o del emprendimiento.
3. Venderles futuro: cuando el proyecto crezca, ellos crecerán también.
4. Aplicar el concepto de *radical trust*, esto implica que tanto el líder del proyecto como su equipo asuman riesgos y decisiones por igual.
5. Acercar al equipo los medios necesarios para su crecimiento profesional y/o académico a través de la capacitación.

Ahora, ¿qué tienes que tomar en cuenta al buscar personas que formen parte de tu equipo? Para Amanda Berenstein, quien en Weber Shandwick ha logrado hasta el día de hoy una retención de su gente de arriba del 90 por ciento (un dato espectacular), la premisa básica que debes buscar en las personas es que estén comprometidas con la organización o con la causa. Afirma: «Lo demás lo pueden ir aprendiendo. Pero que sean éticos, que tengan valores, que sean transparentes, que sepan trabajar en equipo, es fundamental. Me importa mucho más eso que el gurú o experto de cualquier tema».

Además, dependiendo del perfil del puesto que quieras cubrir, deberás buscar a determinado tipo de personas. Los conocimientos técnicos variarán, por lo cual tienes que saber qué requieres. Puede que en un puesto de relaciones públicas necesites a alguien tremendamente extrovertido, pero para un puesto de contabilidad esto no será lo más necesario. Ten en mente y sobre papel un perfil del puesto que estás buscando, el cual deberás empatar con las personas que entrevistes. Es todo un tema de personalidad.

Ya que está conformado tu equipo, debes saber transmitir con claridad lo que esperas de cada uno de ellos, sus responsabilidades específicas. Por ejemplo, hay equipos que requieren mezcla, sincronización de fronteras, donde todos tienen que trabajar con todos y comprender qué hacen los demás.

En lo personal, busco siempre que las personas con las que trabajo sepan tres cosas:

1. ==Que son mejores que yo en lo que hacen.== Y se los digo. Esto me permite aprender y me siento muy segura con el desempeño de sus funciones.
2. ==Que confío en ellos y, por lo tanto, sigo sus recomendaciones.== Esta confianza implica también libertad, la cual les doy porque confío en ellos. Además, Amanda bien dice que la flexibilidad que se tenga con el equipo es un tema de resultados, hay que tener claridad sobre esto.
3. ==Que sepan lo que me importa.== Me importan ellos, lo que hacen, así como cumplir las metas y los objetivos.

En esto, además, hay aspectos que tenemos que trabajar siempre con las personas que integran nuestro equipo:

- ==Darles su tiempo de trabajo y desarrollo.== Esto significa dejarlos pensar, actuar, decidir y completar sus objetivos. Cada quien tiene su ritmo.
- ==Enseñarles cómo quieres que se hagan las cosas y la forma en que podrán tomar las riendas.== Siempre que alguien se integra a un equipo, pasará por una curva de aprendizaje. Lo mejor en esas circunstancias es plantear desde un inicio las cosas de manera clara, explicarle cómo quieres o esperarías que fuera su trabajo. Después de un tiempo, sabrá la manera ideal de trabajar e incluso la mejorará con sus habilidades.
- ==Empoderarlos y ayudarlos a crecer.== Que estén en las juntas, que pidan las cosas a los proveedores y clientes, que sean ejecutores de decisiones, son maneras en que puedes darle poder a tu equipo. Es posible que tengas cierta resistencia (pues

implica ceder control de tu parte), pero esto a la larga será benéfico no solo para su crecimiento profesional, sino también para el tuyo y el de la empresa.

- **Buscar tenerlos contentos y motivados.** Cuando tu equipo se siente cómodo en su ambiente laboral, es más productivo y creativo.
- **Fomentar la colaboración entre ellos.** Motiva la convivencia a través de ejercicios y dinámicas. En Weber Shandwick, Amanda ha organizado desde sesiones de yoga hasta *escape rooms* para crear unión en su equipo. Puedes empezar con una comida.
- **Reconocer sus fortalezas y decírselas.** Hay que hacer énfasis periódicamente en lo que mejor hacen, y siempre agradecer la entrega de un trabajo bien hecho. La motivación es una herramienta tremendamente poderosa y sencilla. No escatimes en ella.
- **Saber plantear cuando algo no se está llevando a cabo de manera correcta.** En lugar de decir «Te equivocaste» o «No lo estás haciendo bien», puedes decir «Creo que un área de oportunidad es…» o «A la siguiente ocasión, considero que debemos…».
- **Transmitirles transparencia:** en la información, en los procesos de la empresa, con los clientes, e incluso, con tu propia actitud.

Por otro lado, hay cosas que una jefa jamás debería hacer con su equipo:

- **Exigir a lo tonto.**
- **Pedir «horas nalga».**
- **Dejarlos indefensos.** Si alguien de mi equipo comete un error, voy a dar la cara, sobre todo ante los jefes. No los voy a exhibir. Los defenderé.
- **Ser floja.** Tú eres la antorcha de tu equipo y como tal tienes que ser el ejemplo a seguir. De hecho, los grandes líderes sue-

len trabajar el doble de lo esperado y es de los aspectos principales que los diferencian de ser meros jefes.

- **Darse crédito único por el trabajo de su equipo.** Ni ante superiores, pares, o clientes. Da nombre y apellido a todas las acciones que llevan al logro de un objetivo.
- **Monopolizar el tiempo de tu equipo.** Legalmente, una persona trabaja 8 horas. Hay trabajos que demandan tal vez un poco más. Pero no esperes completa disponibilidad de tu equipo a todas las horas de cada día de la semana. Respeta los tiempos de tu gente.

¿Qué hacer cuando alguien se tiene que ir?

Muchas veces, platicando con mujeres que son líderes de equipo, he podido ver que nos cuesta trabajo pedirle a una persona que ya no colabore más con nosotros. Es importante contemplar que la manera en que dirijas esa conversación depende de ti en su totalidad. No puedes obviar las causas por las cuales este cese o retiro se está llevando a cabo.

Lo que recomiendo para este tipo de situaciones es:

- **Firmeza:** para transmitir que es una decisión definitiva.
- **Claridad:** que explique los motivos de esta decisión de una manera justa, para darle a esta persona lo que le corresponde por el tiempo, esfuerzo y trabajo invertido en la empresa.
- **Compasión:** entender que la persona está viviendo un momento difícil.

Es natural que al despedir a alguien sientas culpa, angustia, incluso puedes llegar a vivirlo como un fracaso propio. Acepta que los despidos son también parte de las correcciones que tendrás que hacer para lograr tus metas.

Recordemos una cosa siempre. Ningún emprendimiento llega con una sola persona para generar valor. Es un trabajo colaborativo. María Ariza, directora de la Bolsa Institucional de Valores (BIVA), afirma que «el conjunto de un equipo talentoso con un buen líder es lo que hace un emprendimiento exitoso».

Tu equipo representa los huesos de tu emprendimiento. Si sabes cuidarlo bien, estarás bien encaminada y podrás trabajar para obtener resultados. Por ello es importante en este punto trabajar sobre lo que se obtiene a través de todo este esfuerzo en conjunto.

Hablemos de resultados

Los resultados deben ir en paralelo con los objetivos que planteaste en un principio. Por ejemplo, si tu objetivo es vender cien manzanas: vender ochenta es bueno; 150, todavía mejor; pero si vendiste veinte o diez, debes revisar qué fue lo que pasó. Claro, en términos cuantitativos, datos como las ventas son muy fáciles de medir. Sin embargo, habrá otros proyectos que no se puedan medir tan sencillamente.

Por ejemplo, en 2018, en Cerveceros pudimos dar a conocer que la producción de cerveza creció en nuestro país un 9 por ciento, que las exportaciones aumentaron 19 por ciento, y que se observaron beneficios de este crecimiento en el sector agrícola, porque la producción de cerveza representó el 25 por ciento de la balanza comercial de la agroindustria. Todos estos datos son muy cuantificables. Sin embargo, cuando se trabaja en campañas de impacto social, como lo hice en Lala, es importante obtener y contemplar los datos de una manera cualitativa y, sobre todo, entendiendo que en cualquier proyecto habrá cambios culturales que van a impactar.

De cualquier manera, la obtención y presentación de los resultados te permitirá ajustar los proyectos a futuro. Hay que ir monitoreando la efectividad de nuestras acciones durante nuestro emprendimiento para poder reajustar los pasos a tomar. Porque, de un momento a otro, vamos a tener que ajustar nuestros planes a futuro y nuestras expectativas a partir de ellos.

Las expectativas son inherentes al ser humano, quizá no a todos, pero al menos a la mayoría. Nacemos, nos desarrollamos y morimos obsesionados con esa posible realidad que es alcanzable a base de trabajo arduo, adecuada planeación y cierta dosis de suerte.

Aquí la clave es encauzar una relación sana con las mismas expectativas. Una primera reflexión me lleva a la necesidad de educarnos, adaptarnos al momento del entorno y ser libres. Para ello, es importante entender varias cosas en el siguiente orden:

- ✦ ¿Qué genera una expectativa?
- ✦ ¿De dónde viene?
- ✦ ¿Qué hago con esa expectativa ya que está presente en mi consciencia?

No es suficiente detectar la existencia de una expectativa, en lo absoluto. Es necesario entenderla, desengranarla, saber por qué está ahí y a qué responde. En resumen: entender qué es lo que esperas y por qué.

Ante todo, debemos autogobernarnos. Me fascina la expresión «gobiérnate». Es agresiva, determinante e impositiva. Hay que gobernarse mucho con el tema de las expectativas, porque son tan caprichosas que, de no dominarlas, conducen a la vivencia de un mundo alejado de la realidad. Gobernar nuestras expectativas es gobernarnos a nosotras mismas, y conseguirlo genera las condiciones para que lo importante suceda. Se requiere inteligencia, sensatez y voluntad.

Cuando realizamos un proyecto, debemos adaptarnos al entorno mediante la mirada objetiva y el análisis consciente de ese entorno en específico. Ajustarnos. Lo cual requiere cierta humildad, puesto que implica reconocer que, por nuestras decisiones, las expectativas se van a transformar.

Una vez que contemplemos nuestras expectativas ante los resultados, debemos ser capaces de reflexionar y ponderar las cosas. Ajustemos las que se hayan alejado de lo posible, de lo deseable, de lo que no nos acerca a lo que buscamos alcanzar. Desechemos las expectativas que nos causen dolor, las que nos frustren, las que nos hagan enojar o nos alejen de nuestros objetivos a corto, mediano y largo plazo.

> Pero, principalmente, tengamos la valentía de crear nuevas expectativas.

Te preguntarás al final de todo, ¿en dónde está el trabajo? Trabajar es llevar a cabo este proceso. Hacer un plan concreto y posteriormente contemplar los resultados implica llegar al puerto, pero todo el trabajo que realizaste en el trayecto fue el viaje, lo cual te ayuda a construir y fomentar el desarrollo de tu empresa o emprendimiento.

EN RESUMEN

- ▲ El trabajo es el fundamento de toda líder. Tenemos que ubicar, desarrollar y trabajar cada idea para obtener resultados.

- ▲ Antes de empezar un proyecto, tenemos que reflexionar sobre nuestros objetivos y el porqué estamos trabajando, procurando que el fin resuene con nuestras metas y se pueda alinear con las de nuestra empresa o emprendimiento.

- ▲ Debemos ser asertivas y amar nuestras decisiones.

- ▲ La asertividad corresponderá a tener la capacidad de ver los futuros alternativos.

- ▲ Se debe planear para múltiples futuros posibles, no solo el deseado.

- ▲ Recomiendo, durante la realización de todo proyecto, tener sesiones periódicas con el equipo para reportar avances, decidir los siguientes pasos a tomar y detectar tanto las oportunidades como los riesgos.

- ▲ Recordemos que todo proyecto puede llegar a fastidiar, incluso el más apasionante; las crisis hay que contemplarlas como sorpresas y agradecer que se presenten; hay que esperar lo mejor para nuestro proyecto, pero estar preparadas para el peor escenario.

- ▲ Los resultados deben ir en paralelo con los objetivos que planteamos al principio.

- ▲ Debemos aprender a reevaluar nuestras expectativas, sobre todo a la hora de recibir resultados y buscar emprender nuevamente.

CAPÍTULO 5

No lo hagas sola

Recientemente, una amiga se acercó conmigo con una confesión después de que se le presentara una crisis laboral: «Me estoy dando cuenta, a mis 45 años, de que nunca he pedido ayuda, jamás, en términos profesionales». A lo que yo me pregunto, ¿es necesaria la crisis para acercarnos a los demás en busca de ayuda? ¡Para nada!

No importa la posición en que nos encontremos, acercarnos a los otros para solicitar apoyo es algo que deberían enseñarnos desde pequeñas. El simple acto es una muestra de fortaleza y humildad.

Nunca es tarde para pedir ayuda.

En el pasado, se esperaba que un buen líder tuviera las respuestas para todo, pero solo una deidad es capaz de eso. Hoy en día, los líderes son los que buscan el apoyo y los recursos tanto para alcanzar sus objetivos como para resolver problemas. Son los que preguntan cuando tienen dudas, los que saben que a través de la comunidad y la ayuda entre personas se da el crecimiento.

Pienso que, en la vida, todos deberíamos tener a una persona que le dé seguimiento a nuestro desarrollo, más allá de nuestros familiares, maestros o jefes. Un mentor.

Por ello, en este capítulo hablaremos sobre la mentoría, la importancia de tener una estrategia de mentoría profesional (que a veces es personal también) en nuestras vidas y el rol fundamental de las redes de apoyo.

La tutoría, los mentores y el rol de una aprendiz

No importa la edad que tengas, el rubro en que te desarrolles o la etapa profesional que vivas, contar con un plan de desarrollo a través de un mentor, del cual se desprendan metas específicas a corto, mediano y largo plazo, te permitirá crecer y desarrollarte profesionalmente.

La mentoría es una relación entre dos personas: el mentor, que es una persona experimentada o con mayor conocimiento, y el aprendiz, quien le pide ayuda para aprender y evolucionar. En esta relación, ==el mentor asiste al aprendiz para que adquiera habilidades y conocimientos que le ayudarán a crecer de manera profesional y personal.== Es decir, no solo lo impulsa a conseguir sus metas profesionales, le explica cómo puede hacerlo y lo acompaña en el camino.

> La mentoría sirve como una guía de apoyo y de evolución de ideas.

Durante los años que estuve trabajando en el ámbito público, de una u otra manera, mis jefes se convirtieron en mis mentores profesionales. Siempre me sentí arropada por sus consejos y cuando tenía que tomar decisiones, estaban ahí. Cuando me salí de este ámbito y pasé a Cerveceros de México, mis dos jefes, si bien me aconsejaron cómo llevar las riendas de mi puesto, vivían muy lejos. Sentía la necesidad de consejo.

Fue entonces que me di cuenta de que necesitaba definir a mis mentores en términos profesionales, buscar personas que me ayudaran a llegar del punto A al punto B en un tiempo determinado, que me guiaran para definir las acciones, prioridades y objetivos a seguir. De hecho, hay muchísima literatura sobre la importancia de contar con mentores profesionales en nuestras vidas. Así que me acerqué a mis dos mentores actuales: Gina Diez Barroso y Luis de la Calle.

Conocí a Gina en un panel de mujeres. Es fundadora de Dalia Empower, Centro, CEO del Grupo Diarq y mentora por excelencia. Me llamó mucho la atención lo que hacía, la forma en que hablaba. No tiene empacho en decir lo que piensa. Poco después, tuve la fortuna de convivir con ella en un evento de Líderes de México. Llegué, me senté, estaba sola, y los directores de unos bancos se me acercaron y me preguntaron:

—¿Qué haces?

—Trabajo en la Cámara de la Cerveza— respondí.

En eso Gina se acercó y dijo:

—No, no. No trabaja, es la directora. Solo que es muy modesta.

Éramos las únicas mujeres en la mesa. Básicamente me regañó. Me quedé maravillada. Poco después, le pedí que fuera mi mentora. Desde entonces, me ha ayudado a definir mis prioridades y objetivos, tanto de manera profesional como personal.

Por su parte, Luis de la Calle es una de las personas más inteligentes que conozco. Es economista y académico del Centro de Investigación y Docencia Económicas (CIDE). Estos son, por ejemplo, algunos de los consejos que me dio recientemente, cuando tuvimos nuestra sesión de mentoría, y creo que tienen un planteamiento casi universal:

- Debes entender de contabilidad y finanzas. ¿No entiendes? Toma un diplomado.
- Tienes que escribir, porque es fundamental tener espacios de análisis para que tu pensamiento analítico se desarrolle.

- Tienes que saber hablar en público. Sabes cómo hacerlo, pero aun así toma un curso.
- Perfecciona tu inglés, trabaja en tu vocabulario. Escucha *podcasts*, te ayudarán.

Me planteó las acciones a tomar, a qué me tengo que acercar. Lo cual es justamente lo que un mentor debe hacer: darte las herramientas y los consejos prácticos para llegar a ese gran «Punto B». Además, esta educación debe ser integral, donde se abarque temas de finanzas, medios, organización, etcétera.

¿Cómo buscar a un mentor? «Es muy importante saber cuál es tu plan (es decir, a dónde quieres llegar) y cómo quieres crecer, pues teniendo estas perspectivas claras, podrás presentárselas a la otra persona. Tienes que definir qué buscas tú. Saber cómo es tu crecimiento y qué es lo que quieres conseguir para que yo, como mentora, entienda cómo puedo ayudarte con eso», afirma Gina, a quien entrevisté para este capítulo.

Un mentor tiene que ser una persona a la cual admires, con inteligencia emocional, amplia experiencia, disposición a ayudar y balance en su vida. Sí, pueden parecer cualidades de estándares altos, pero considerando que vas a poner el plan de tu carrera profesional en sus manos, ¡todo esto es muy importante!

Tiene que ser una persona que te provoque **admiración**, porque esa cualidad marcará instantáneamente tu deseo de mejorar, de seguir el ejemplo de lo que tu mentor ha logrado. No se necesita ir lejos para encontrar a la persona indicada. Si llegas a coincidir con alguien que admiras y está la puerta abierta para que te guíe, podrías preguntarle si estaría dispuesto a ayudarte de esta forma. Eso hice con Gina.

Por otro lado, la **experiencia** es fundamental. Ojo, aquí nadie está hablando de la edad, sino de acercarnos a una persona que sepa de lo que habla, pues lo que ha vivido en su trayectoria nos puede dotar de herramientas para crecer. La experiencia es una herencia, nos permite aprender de los éxitos y los fracasos del otro, e integrarlos en nuestra propia vida. Por ello, es igual de válido que una joven que recién incursiona en el ámbito laboral tome como mentora a una empresaria de la vieja escuela, que una mujer de cincuenta años se acerque a una joven que domina los negocios al derecho y al revés.

Finalmente, un mentor debe ser una persona con inteligencia emocional y balance en su vida. ¿Por qué? Porque, así como no dejarías que cualquiera te hiciera una cirugía, tampoco debes dejar tu carrera profesional en manos de una persona que apenas puede comprender la suya. Que la persona sea exitosa, tenga experiencia y un gran puesto no son indicadores suficientes de que estás frente a un posible mentor. El balance en el carácter es indispensable. ¡Te sorprendería ver cómo falta la inteligencia emocional en los altos niveles empresariales! «Si te equivocas, te puede llegar a hacer daño», advierte Gina.

Recuerda: la mentoría requiere siempre de integridad, honestidad y resolución de ambas partes. Como aprendiz, tienes que estar dispuesta a trabajar en lo que se te aconseja y a cambiar de rumbo. Principalmente, teniendo en cuenta que el mentor va a señalar verdades que a veces pueden llegar a doler. En alguna ocasión te dirá: «¡Eh, por aquí no!», pero esa crítica servirá de manera constructiva para tu formación.

Además, como aprendiz tienes que contemplar el hecho de que inevitablemente se van a formar vínculos emocionales. Entre el mentor y el aprendiz los límites entre lo profesional y lo personal se desdibujan. El mentor tiene que estar dispuesto a estar en la vida personal de su aprendiz, y el aprendiz debe abrirse para recibirlo. «No todos los días, pero sí cuando es importante», destaca Gina.

> **Dalia Empower**
>
> Si buscas fortalecerte y encontrar mentoría profesional de buena mano, recomiendo ampliamente Dalia Empower (y no solo porque lo creó mi mentora). Gina Diez Barroso es fundadora de este centro mexicano de empoderamiento dedicado a las mujeres. Busca cambiar el panorama para las ejecutivas, emprendedoras, mujeres políticas y estudiantes alrededor del mundo. Su plan consiste en cursos para identificar las fortalezas y áreas de oportunidad de las alumnas, con una mentoría de seguimiento a sus proyectos individuales. Gina tiene amplia experiencia y ha creado esta red increíble de apoyo que ha ayudado a miles de mujeres a encontrar su poder, porque, como ella dice, «Las mujeres no necesitan ser empoderadas, siempre han tenido el poder dentro de sí». Ella espera que, en diez años, Dalia pueda llegar a más de 100 millones de mujeres en el mundo.

Encontrar el porqué

«¿Por qué?» es una pregunta que no podemos dejar de hacernos. Encontrar nuestro propósito es esencial para que, a partir de él, vivamos una vida mucho más plena. La buena noticia: no tienes que hacerlo sola. Una labor fundamental del mentor será ayudarte a encontrar tu «porqué», lo que te mueve en la vida.

Simon Sinek, autor de libros como *Empieza con el porqué* y *Los líderes comen al final*, explica que el modelo más simple pero poderoso del liderazgo inspirador se basa en un «círculo de oro» y la pregunta «¿por qué?». Es un patrón que siguen los grandes líderes del mundo. El círculo se basa en lo siguiente:

1. Casi todo mundo sabe *qué* hace en la vida (un primer círculo muy grande).
2. Algunos saben *cómo lo hacen* (segundo círculo, un poco menor que el primero).
3. Unos pocos saben *por qué lo hacen* (círculo de oro, el más pequeño), entre los cuales, la mayoría son líderes. ¿Por qué? Porque inspiran a la gente con su convicción. Este círculo se basa en el propósito o las creencias de vida de las personas.

Te pongo este ejemplo: una empresa, llamémosla *Pera*, se dedica a hacer computadoras. La gran mayoría de sus empleados sabe que vende computadoras, algunos incluso entienden cómo hacerlas. «Hola, somos Pera y vendemos computadoras con procesadores potentes», quizá dirían. La verdad suena a una campaña de publicidad normal, típica. Pero si la empresa se enfocara en su por qué, por ejemplo, «para hacer la diferencia en el mundo», y lo comunicara, el eslogan cambiaría totalmente: «Buscamos hacer la diferencia en el mundo… mediante nuestras computadoras con procesadores potentes. Somos Pera». No soy mercadóloga, pero estoy completamente segura de que preferiría comprar la segunda campaña antes de la primera. ==La gente se mueve por los porqués, por personas con propósito y empresas con motivo.== Por eso es importante definir lo que te motiva en todo lo que haces.

Te invito a hacerte estas preguntas y trabajarlas

- ¿Cuál es tu propósito?
- ¿Para qué te levantas de la cama?
- ¿Por qué deben importarle tus ideas al mundo?

Otra manera de contemplar tu propósito es analizando tu pasado. «Tu propósito viene del pasado, nunca del presente. Analiza tus vivencias, estoy segura de que algo pasó en tu vida que te aclarará lo que te mueve, o al menos te indicará dónde buscarlo», dice Gina.

Mi propósito, por ejemplo, es incidir en la lucha por la equidad de género y en diversas industrias que sé que benefician a miles de familias en México. Quiero impactar, trascender. Tal vez sea un propósito ambicioso, pero pienso que todos deberíamos aspirar a dejar un mejor lugar para la siguiente generación.

El *coach* y el mentor no son lo mismo

Para este punto, una podría pensar que la mentoría es similar al *coaching* porque se vinculan al desarrollo profesional de la gente. Sin embargo, son dos trabajos muy distintos. El *coaching* es un proceso en el que una persona entrenada acompaña a otra bajo una relación laboral para que a través de un trabajo de reflexión pueda maximizar su potencial, mientras que la mentoría es un trabajo más directo e íntimo entre las personas. Ambos trabajos, aunque similares, tienen enfoques, tiempos y objetivos distintos.

«El *coach* necesita una certificación, que es algo que yo no tengo», afirma Gina mientras platicamos. Además, el *coach*, o entrenador, no necesariamente tiene que llevar una vida precisamente admirable. Usualmente el trabajo del *coach* se centra más en el individuo, no plantea una relación multilateral.

Estas son algunas de las principales diferencias entre ambos:

- El *coach* trabaja para el desarrollo del individuo en un puesto en particular, a corto y a mediano plazo; el mentor, para un desarrollo profesional en múltiples etapas, con un trabajo a largo plazo.

- El *coach* deja a un lado su punto de vista y trabaja para el desarrollo del individuo; el mentor trabaja y comparte experiencias con el aprendiz.
- El *coach* tiene conocimiento en técnicas de *coaching*; el mentor tiene experiencia profesional.
- El *coach* busca que el individuo encuentre sus respuestas; el mentor da consejos y recomendaciones.
- El *coach* y el individuo interactúan a un nivel de igualdad profesional; el mentor y el aprendiz profundizan en sus relaciones.

Ambos procesos son aconsejables, e incluso pueden ir de la mano.

Ahora bien, ya que cubrimos el tema de la mentoría, es hora de profundizar en otro aspecto igualmente importante. No es suficiente encontrar un mentor que seguir, también es esencial mirar a nuestro alrededor para encontrar a gente que nos pueda ayudar en nuestro camino. Es aquí donde entra el tema de las redes de apoyo.

¡Yo te cubro! La importancia de las redes de apoyo

Las mujeres en México solemos tener bien planteado el tema de las redes de apoyo en términos personales. Sin embargo, no tenemos redes profesionales. Y como ya establecimos, es muy complicado, casi imposible, alcanzar metas y objetivos ambiciosos solas. Todavía más, siendo mujeres.

Tanto la vida personal como la profesional nos van a exigir dar nuestro 100 por ciento en todo lo que hagamos. Sin embargo, nadie es una persona de 200 por ciento, por lo cual es inhumano exigirnos a nosotras mismas cumplir y tener el control de todo siempre. Debemos aprender a vivir con las «fallas» y buscar apoyo para distribuir responsabilidades, para así cumplir de manera más efectiva con el trabajo.

«Las redes de apoyo te permiten contar con personas, a tu par y arriba, para apoyarte en todo momento. Tener sentido de pertenencia a grupos de mujeres de apoyo es importantísimo a cualquier nivel», dice Gina, mientras pone el ejemplo de que, si algo urgente sucede en su familia, ella deja de funcionar en todos los ámbitos hasta que se resuelve. «Y más vale que funcione, porque tengo 800 empleados». Es para momentos como ese que las mujeres tenemos que rodearnos de gente en la cual nos podamos apoyar.

¿A qué me refiero por redes de apoyo? A todas esas personas que contribuyen directa o indirectamente en el día a día a que alcancemos, o nos encontremos más cerca, de nuestros objetivos. Son el ecosistema que nos permite ser funcionales, operativas y eficaces.

Antes que nada, entre mujeres debemos hablar de trabajo y construir redes tanto verticales como horizontales de negocio. «La mujer, a diferencia del hombre, no tiene una red vertical, pues no hay tantas mujeres en puestos altos de dirección. Para construir una red es recomendable hablar con personas de rango más alto que tú; por ejemplo, salir a comer, y hablar sobre el trabajo», explica Gina.

De manera horizontal, se debe formar una comunidad diversa de diferentes edades, donde se puedan atender los problemas de forma recíproca, con el fin de afrontar dificultades y encontrar oportunidades en conjunto. Algo así como lo que logró crear Lady Multitask.

Lady Multitask, un caso de éxito con base en redes

«Las amigas de mis amigas son mis amigas». O más bien, como plantean decir de ahora en adelante las mujeres de Lady Multitask: «Las amigas de mis amigas me hicieron empresaria».

Lady Multitask nació el 1 de junio de 2016 en San Luis Potosí, de la mente de las hermanas Mercedes y Pilar Palomar ante la necesidad de crear una comunidad entre amigas para empezar a recomendarse mutuamente. En un viaje familiar lanzaron el grupo en Facebook donde, desde un principio, buscaron crear una red de apoyo dirigida a la compra, venta y comercialización de productos y servicios entre mujeres. En él, las integrantes promueven sus negocios bajo un esquema de confianza; establecen relaciones sociales y laborales, fomentando el comercio local.

«Ha resultado muy benéfico para las mujeres de nuestros grupos contar con un lugar donde recomendemos, como amigas, nuestros negocios y tips; nos permite crecer en conjunto, cada quien en lo que se especializa, pero a partir de un vehículo directo para conectarse», dijeron las hermanas Palomar luego de darse cuenta del talento que tenían para impulsar comunidades, apoyarlas y hacerlas crecer, rompiendo incluso con brechas generacionales.

Desde un principio se buscó establecer una guía de uso o reglamento, donde plantearon que el grupo era para sumar (nada de peleas ni dramas). En los grupos se encuentra de todo: desde compra-venta de productos, hasta recomendaciones de regalos y servicios, perritos en adopción y más.

Las Palomar han formalizado el proyecto, lo construyen día a día y buscan su expansión. Actualmente han establecido grupos de Lady Multitask en 68 ciudades y ocho países, y creado una comunidad conformada por más de 450 mil mujeres.

Algo que debes recordar cuando construyes una red de apoyo es que existe reciprocidad en las redes, no funcionan en una sola vía. Como en las amistades. Si tú pides ayuda, tienes que estar siempre abierta a darla. Es aquí donde entra el concepto de la solidaridad. Cuando ocurre entre mujeres recibe el nombre de sororidad.

Entre hermanas

> «Solidaridad es darte a los demás, entender las necesidades de otros y ser solidario para cuando te piden ayuda con un problema o necesidad. Ayudar a crecer a los demás. Es tu obligación como mujer jalar a otra mujer».
>
> GINA DIEZ BARROSO

Como líderes, debemos tanto buscar apoyo como apoyar a los demás, en especial a otras mujeres. Por eso me gustaría hablar del concepto de la sororidad. La *sororidad* es el apoyo, la coexistencia y la solidaridad de las mujeres con las que enfrentamos los desafíos impuestos por la sociedad contemporánea.

La palabra viene de un término derivado del latín, *soror*, el cual significa «hermana». El término fue incorporado hace poco, muy poco, a la Real Academia Española como «agrupación que se forma por la amistad y reciprocidad entre mujeres que comparten el mismo ideal y trabajan por alcanzar un mismo objetivo». De hecho, en la vida podemos encontrar cada vez más ejemplos de su validez como concepto.

NO LO HAGAS SOLA

==Las mujeres en México tejemos, enhebramos y construimos sistemas de apoyo para tratar de mitigar la eterna cancha dispareja.== Redes que nos permiten salir adelante y mostrar la mejor versión de nosotras mismas, y al tiempo procurar bienestar para los nuestros. ¿Cómo explicar el avance de las mujeres en el terreno empresarial, político, académico o científico, sin la lucha y tutoría de aquellas que nos antecedieron? ¿Cómo dar sentido a nuestra propia batalla por conquistar la igualdad de género, sin pensar en las mujeres de las nuevas generaciones? ¿Cómo dar por descontado la relevancia de las redes familiares y amistosas para afrontar los sinsabores de la vida? El día a día de las jefas de familia y mujeres trabajadoras sería simplemente inviable sin las amigas y hermanas con quienes aligeramos la carga, celebramos un nuevo amor o colaboramos por un futuro prometedor.

Teniendo esto en cuenta, podemos comenzar a definir nuestras redes de apoyo e identificar de qué personas buscaremos rodearnos. ¡Sí, varias! Porque con una sola no es suficiente.

Mis redes de apoyo

Mis redes de apoyo se construyeron de manera natural y son las que usaré de ejemplo para exponerte los tipos de redes que puedes configurar como apoyo en tu día a día. Sin embargo, cada una tiene necesidades y preocupaciones diferentes, por lo cual te recomiendo que siempre analices desde tu perspectiva. Empieza por revisar todos los ámbitos en que te desenvuelves (todo aquello por lo que sientes el deber de partir tu alma y tu tiempo todos los días).

a. La red familiar o del hogar

Tiene que ver con mi casa, mi familia y la crianza de mis hijos. En mi caso, esta red la integran el papá de mis hijos, las abuelas, tías, tíos, primos; Juanita, su nana; la escuela y las mamás de sus compañeros. Sin ellos, nuestro día a día no sería posible.

Es importante señalar que, de acuerdo a nuestro estilo de vida, podemos buscar el esquema que mejor se acomode a nuestras condiciones personales. Quizá nos funcione más tener una guardería infantil camino al trabajo o cerca de nuestro hogar, o realizar «tandas» o turnos entre las amigas para el cuidado de los hijos.

Ahora bien, en lo personal, definiría esta como una «red de crianza» porque se concentra en mis hijos, pero no toda mujer tiene o quiere tener descendencia. Aun así, toda líder debe contar con una red que le ayude a sostener su casa y su cotidianidad de manera práctica y funcional en el día a día. Si no, ¿qué pasaría con nuestras mascotas, nuestras plantas, o nuestro espacio personal?

b. La red profesional

Esta red incluye a tu equipo, tu jefe, tus socios, tus aliados. Es la que te permitirá funcionar de manera orgánica en tu día a día laboral, te ayudará a construir proyectos, o te sostendrá el día en que debas atender aspectos personales.

En la construcción de esta red, el primer requisito es la seguridad propia. ¿Por qué? Como ya te he dicho, al construir equipos contrato gente que, en todo lo que hacen, son mejores que yo. Y en el proceso, jamás me he sentido amenazada de que me quiten el trabajo. Tengo la seguridad suficiente de que soy buena en lo que hago y estoy ahí por una razón. Para todos los temas (medios de comunicación, asuntos legislativos, material económico) he contratado a expertos. A fin de cuentas, estas personas me enseñan y tienen como objetivo el bien del proyecto que estamos trabajando. A su manera, son también mentores.

Recuerda: la gente es tu mayor recurso. Hay que saber construir equipos.

c. La red de salud

Esta red está compuesta por gente que te apoya a llevar un estilo de vida sano. Las personas con las que haces ejercicio, cuidas tu alimentación, médicos, terapeutas. Tu cuerpo y mente son tu base y tienes que cuidarlos de la manera más efectiva, y gracias a su apoyo lo lograrás.

Por ejemplo, cuando entré a Sersana (un método integral para hacer ejercicio) fueron las amistades que construí ahí las que me ayudaron a cada día levantarme y estar en el gimnasio a las 6:30 de la mañana, ¡aun cuando me sentía muy cansada!

Pero no se limita a los gimnasios. Hay quienes se juntan para realizar rutinas y actividades en espacios públicos, como correr, trotar, caminar y hacer ejercicios aeróbicos, y conforman grupos que fortalecen la disciplina, la constancia y el esfuerzo.

Recuerda complementar todo esto con personal capacitado en el cuidado de la salud: tener un médico de cabecera siempre será un gran acierto en el cuidado de tu persona.

d. La red intelectual

La conforman los clubs de lectura, las tertulias, la gente que te acompaña al cine o con quien tienes encuentros y conversaciones poco convencionales. Necesitas gente que estimule tu mente para detonar la creatividad, sin importar el sector en que trabajes.

e. La red social

No, no estoy hablando de Facebook (de eso hablaremos más adelante). Me refiero de manera literal a una red social-emocional conformada por familia, amigos y amigas que te ayudan a llevar tu día a día de una manera más alegre y que sostienen, por lo tanto, parte de tu emotividad.

Estas son mis principales redes de apoyo, todas ellas fundamentales para mi vida. Te propongo visualizar cuáles serían las tuyas y que busques trabajar en ellas, porque te ayudarán no solo a desarrollarte de una mejor manera a nivel profesional, sino a tener equilibro en lo personal. Agradece la presencia de toda esta gente en tu vida y ayúdales de la mejor manera posible.

Pedir ayuda es un gran poder con el cual nos desarrollamos de una forma más plena en el ámbito profesional. Confía en la gente que te rodea, mujeres con las que trabajas, hombres que te ayudan, y permítete responder cuando te pregunten «¿Cómo te ayudo?». De la unión nace la fuerza, después de todo.

A lo largo de tu camino profesional, procura siempre agradecer el apoyo de todos los involucrados en tu éxito. Recuerda a la gente que te ayudó a levantarte y levántalos tú a ellos. Y levanta, también, a quienes vendrán después de ti.

Una vez definidos nuestros puntos de apoyo, de mentoría y de redes, que serán como los pilares de nuestro Partenón, es momento de trabajar en nuestra propia imagen y presentación ante el mundo. En otras palabras, en aquello que representará nuestro trabajo.

EN RESUMEN

▲ Pedir ayuda es un gran poder. ¡Úsalo! Incluso antes de cualquier crisis.

▲ La mentoría puede ser una gran herramienta para tu desarrollo profesional integral. Pide apoyo a alguien que admires y que tenga suficiente experiencia, así como inteligencia emocional.

▲ El vínculo entre mentor y aprendiz sobrepasará lo profesional. Tienes que estar dispuesta a trabajar con sinceridad y disposición en todo momento.

▲ Un mentor te ayudará a encontrar tu propósito y con tu «por qué» definido lograrás generar impacto.

▲ El rol del *coach* y del mentor no son lo mismo. El mentor trabaja a largo plazo y de una manera más personal.

▲ Como líder tienes la responsabilidad también de ser mentora y ayudar a otros a crecer profesionalmente.

▲ Construir redes de apoyo a nivel personal y profesional te permitirá tener un mejor equilibrio y manejo de tus responsabilidades. Permítete que la gente te ayude y siempre recuerda a los que te apoyaron y te apoyan en tu desarrollo profesional.

CAPÍTULO 6

Yo , INC.

P on tu nombre en el espacio en blanco. ¡Sí, hazlo! Es momento de que te concibas a ti misma como un proyecto en construcción. Eres tu propio producto y parte de lo que vas a vender es tu imagen. Hablemos de lo que proyectarás, la marca que construirás y la importancia de persuadir al mundo.

==Todos estamos vendiendo algo, todo el tiempo.== Y la primera venta que hacemos es la de nosotras mismas, a través de nuestra imagen. (Acuérdate de la autopromoción del capítulo 2).

Para venderse, hay que construirse y trabajar para crear la imagen que queremos proyectar ante el mundo, de modo que nos reconozcan de acuerdo con el estándar que marcamos. Utilizaré una historia para mostrar este punto.

Una persona está caminando por el desierto, cuando llega un árabe con su camello y le dice:

—Hermano, ¿quiere comprar mi camello?

—¿Yo para qué quiero un camello? —responde la otra persona.

—Le conviene, hermano. Es una maravilla. Está en su casa, cuida a su esposa, lava los platos. ¡Es un camello increíble!

—¿En serio?

—¡Sí! Le conviene comprar el camello.

El árabe le sigue hablando de todas las bondades del camello. Entonces la otra persona, maravillada, decide comprarlo.

Al mes se vuelven a encontrar estas dos personas.

—Hermano, ¿cómo va con su camello?

—¡Maldito camello! Ya no lo aguanto. Se la vive comiendo y cagando. Me sale carísimo. Apesta...

Entonces, el árabe se le acerca y le dice:

—Hermano, no hable mal de su camello, porque un día lo tendrá que vender.

==Jamás debemos hablar mal de nosotras mismas.== Evidentemente, en la confidencialidad de los amigos y la familia, esta regla no es necesaria. Sin embargo, en cuanto a desarrollo profesional y búsqueda de éxito se refiere, tienes que saber hablar bien de ti, es decir, venderte y autopromoverte. Ten en cuenta que la publicidad de boca en boca empieza, siempre, contigo, y que, al igual que con un proyecto, debes hacer un plan y contemplar qué resultados quieres obtener para ti.

Emprendiendo: la construcción de tu marca

¿Te quieres lanzar a emprender tu propio negocio? ¡Te felicito! ¿Estás en una empresa y quieres saber más sobre cómo construir tu reputación empresarial y profesional? ¡Perfecto! Sea cual sea tu situación, vas en buen camino, y quiero decirte un pequeño secreto: llevas años construyendo tu marca. ¿Cómo? A partir de tu trabajo, tus decisiones y lo que has dejado plasmado.

YO _____, INC.

> Es hora de asentar las cosas, de armar tu credibilidad, hacer una selección de lo que esperas de tu emprendimiento y establecer la imagen que vas a proyectar.

Mercedes Palomar, fundadora de la plataforma Lady Multitask, considera que para la construcción de tu marca es necesario:

1. ==Definir tu ADN o arquetipo.== Ten claro lo que quieres, cómo lo quieres y qué te hace diferente.
2. ==Cuidar tu objetivo y tu red.== El tiempo que invertimos en nuestras relaciones profesionales genera resultados y diferenciadores. Cuida con quiénes haces alianzas. Busca siempre trabajar con personas serias, constituidas, honorables y que cumplan con su palabra. Con estas mismas cualidades, tú también debes responderles.
3. ==Cuidar tu marca a través de su credibilidad y personalidad.== Invierte en tu imagen, en cursos para entender cómo tener una presencia importante.
4. ==Tener mucha constancia.== La persistencia es clave para lograr todo lo que te propongas.

Todo esto sirve tanto en la proyección personal como en la proyección de negocios. Si lo tuyo es el emprendimiento, por ejemplo, al crear tu marca necesitarás formalizarla: registrarla, ponerle una imagen (desde el logo, hasta la fuente y tipografía que usarás para todo), establecer su misión, visión y objetivos, invertir en la calidad de los productos, las fotos, los empaques (que más que ser utilitarios, también sirven para promover la marca).

De manera general, busca reflejar calidad y que esta quede fijada en ti, en tu servicio, para ir generando credibilidad. Ten visión y, siempre que sea necesario, asegúrate de investigar, comparar, replantear tu negocio y su eje, así como tus acciones.

Ahora bien, lo mismo que harías con la construcción de tu marca para un emprendimiento debes hacerlo con tu persona: el tema de la imagen y el arreglo personal son fundamentales para nuestra proyección.

Espejito, espejito

Primero hablemos de nuestro arreglo personal. Parecerá banal, ¡pero no lo es! Se relaciona directamente con la manera en que nos sentimos y conducimos y, por lo tanto, lo que proyectamos. Entre más cómoda y segura de ti misma te sientas, lograrás construir una imagen más solida.

Evidentemente, tu imagen depende de varios aspectos: tu sector, tu estilo, tus gustos. Mi estilo, por ejemplo, siempre ha sido clásico. Arriesgo poco, la verdad, en este aspecto: me gustan los vestidos y las faldas, y con el tiempo, he involucrado accesorios o prendas más modernas (un poco forzada por mis amigas y hermanas).

Tu imagen externa debe evolucionar de acuerdo a tus etapas profesionales. Por ejemplo:

- ✦ Cuando estuve en el ámbito político o público, tenía una imagen sobria, formal y elegante.
- ✦ En la industria cervecera, si bien intenté incorporar cierta sofisticación (obviamente no siempre lo lograba), tenía un estilo más relajado, casual, donde los jeans eran cosa de todos los días, así como los tenis, aunque claro, entendiendo lo que debía proyectar cada día.
- ✦ Mi trabajo en Grupo Lala me permitía días de estilo poco formal, pero añadí dos aspectos más: una vuelta a la formalidad

para reuniones con externos a la compañía y una vestimenta «institucional», es decir, camisas de vestir con el bordado de la empresa o de la fundación, que utilizaba al visitar asociaciones o en reuniones globales de equipo.

==La forma como nos arreglamos es una proyección de lo que queremos decir.== Es importante, en primer lugar, para ti, porque va a definir cómo te sientes o esperas sentirte en el día. Si te sientes arreglada y cuidada, definitivamente influirá en la manera en que te proyectarás. En segundo lugar, porque es la primera impresión que dejas en la gente con que trabajas. ¡Y nunca hay que subestimar el valor de una primera impresión!

Obviamente, trabajar en tu imagen implica organización. Haz tiempo en tu día a día, en tu semana, mes y año, para prestar atención a los cuidados estéticos que necesitas.

Por otra parte, en el tema de la imagen, la edad es lo menos importante. Hay gente joven cuyo estilo es clásico, y gente mayor que se ve fantástica con un estilo juvenil. Pero qué tan bien se vean depende en gran parte de cómo se sientan y lo que quieran proyectar. Así que te propongo hacer el ejercicio de responder las siguientes preguntas:

- ¿Cuál es mi estilo?
- ¿Qué quiero proyectar?
- ¿Cómo puedo proyectarlo?

Sé estratégica a la hora de seleccionar tu imagen. Por ejemplo, yo diario pienso en mi peinado, manicure y maquillaje. Es ligero, porque así soy. Pero en tu caso, recomiendo que sea como te sientas cómoda y guapa.

Ante esto, le pedí a Mireya Marroquín, experta en imagen, consejos respecto a la imagen personal a considerar a la hora de desarrollarnos en un ámbito profesional. Ella me explicó qué sí, qué no y qué jamás.

Mireya dice...

Nuestro cuidado personal y la ropa que vestimos dice mucho de nosotras. Nuestra imagen habla también sobre quiénes somos y de qué somos capaces, por lo que, en el mundo laboral, más allá de todas las habilidades «duras» que tengamos o desarrollemos, debemos tener en cuenta también las habilidades «blandas», de apariencia y comportamiento, para tener credibilidad.

Cuando elegimos lo que nos vamos a poner, debemos tener en mente qué queremos decirle al mundo ese día. Es IMPRESCINDIBLE que sea ropa de nuestra talla, limpia, planchada y en buen estado. Además de la ropa, también debemos cuidar el pelo, el maquillaje y el estado en que están nuestras manos.

Para una entrevista de trabajo:
No existe un atuendo estándar para una entrevista de trabajo, pero si queremos dar una imagen de seriedad y compromiso, debemos optar por ropa en colores neutros como azul, beige, gris, blanco o negro. Los colores menos serios para el mundo corporativo son el amarillo y el naranja, ya que proyectan informalidad y pueden ser muy escandalosos.

Mi sugerencia es ir vestidas con ropa con la que nos sintamos cómodas y sin estar preocupándonos por ajustar un botón, bajarnos la falda o acomodarnos la pestaña postiza, para podernos concentrar en lo que realmente importa. Una buena estrategia es echarle un vistazo a las personas que ya trabajan ahí y ver cuál es el código de vestimenta. Si el sector acostumbra ir en *jeans*, por ejemplo, a una entrevista hay que ir un poco más formales: con pantalones de vestir, una falda a media pierna o un vestido no muy formal.

Para reuniones o presentaciones con clientes y socios

En las reuniones cuyo objetivo es convencer a alguien de nuestro trabajo o nuestro producto, la estrategia es que recuerden obviamente lo que decimos, pero también a nosotras. En estos casos vale la pena jugar un poco con los colores y los contrastes de la ropa que llevamos, usar algún accesorio llamativo, pero nada que termine cansando la vista o sea muy escandaloso. Se recomienda llevar la atención a la zona donde se lleva a cabo la comunicación: los ojos, la boca y las manos.

Para eventos ejecutivos o cocteles

En los eventos de trabajo hay dos cosas que debemos evitar: vernos como cualquier día en la oficina, y vernos como si estuviéramos en una comida familiar. Para elegir qué nos vamos a poner o cómo nos vamos a arreglar, tiene mucho que ver el lugar y la hora donde será el evento. Siempre hay que tomar en cuenta que estamos en un entorno laboral y todo lo que hagamos o digamos es parte de nuestro trabajo.

Qué sí

- Tener una estrategia definida de lo que queremos proyectar con nuestro arreglo personal y la ropa que usamos.
- Ser conscientes de la imagen que queremos proyectar y nuestro lenguaje corporal.
- Interiorizar que la forma en la que te ves influye en cómo reacciona la gente a tu trabajo y que mantener tu imagen es parte integral de tu desarrollo profesional.

Qué no

- Descuidar tu aspecto por pensar que eso no importa en el mundo laboral.
- Usar prendas que distraigan a tus interlocutores, por ejemplo: zapatos abiertos, escotes muy pronunciados, faldas muy cortas, telas brillosas, maquillaje muy cargado. Esto no es un tema de machismo, es mero instinto.

Qué jamás

- Presentarte a una reunión de trabajo con ropa sucia o rota.
- Traer zapatos incómodos que te impidan caminar con naturalidad.
- Descuidar la higiene bucal.
- No sonreír.
- Pensar que estamos derrotadas o que somos impostoras porque eso lo terminamos proyectando en nuestro lenguaje corporal.

Una vez discutida la parte de nuestra imagen, es momento de trabajar en lo que realmente sostendrá la forma en que nos observará el mundo: nuestra proyección. De la misma manera en que ponemos atención a nuestra forma de vestir, tenemos que cuidar cómo buscamos que los demás nos observen.

Aduéñate del espacio

«Ser líder es tener la capacidad de inspirar a que los otros te sigan sin tener el mapa de a dónde vas. Además, es ser valiente y que tus ideas tengan la suficiente grandeza para que todo mundo quepa», nos dice Ana María Olabuenaga, quien ha sido considerada la publicista mexicana más reconocida de las últimas décadas.

A Ana María la contrataron como directora general de una gran agencia transnacional de publicidad, siendo la primera mujer en ese puesto. Pero cuando inició su cargo, se acercó a su jefe y le dijo:

—Nunca he sido directora general, ¿lo sabes?

—Sí, lo sé.

—¿Qué quieres que haga? Tú vives en Brasil. ¿Cómo quieres que te reporte?

—Es cierto, no lo hemos hablado —le respondió su jefe—. Este es tu primer día de trabajo. Déjame dejarte esto claro: aquí está la llave de la agencia, la de tu oficina y la del baño —le puso las llaves en la mano—. Ya tienes todo lo que necesitas saber. De aquí en adelante, compórtate como dueña.

Esta anécdota, más allá de un delirio de mi imaginación, fue lo que le ocurrió a Ana María Olabuenaga cuando llegó a Noble y Asociados, la empresa que en algún momento creó a Santa Claus y que en la época en que la recibió estaba en números rojos. El consejo que recibió de su jefe la marcó para el resto de su carrera en muchos aspectos y me parece valiosísimo. Todas deberíamos tener siempre presentes estas palabras:

Compórtate como la dueña.

Tú eres la líder, la jefa, la dueña de tu puesto o de tu emprendimiento. Las responsabilidades quedan en tus manos y tienes que actuar acorde a ello. Si bien es importante institucionalizar los procesos para que en el futuro puedas heredar el puesto a las personas correctas, mientras tú estés ahí tienes que creer con todo tu corazón en lo que estás trabajando. Si lo haces, la gente se dará cuenta en automático de lo buena que eres, tanto tus empleados como los clientes. De esta manera, lograrás inspirar.

Bajo este precepto, Ana María consiguió que su equipo se consolidara, que los clientes mantuvieran sus cuentas y, para 2015, que la agencia fuera la más efectiva en México en términos publicitarios. Así es como debes trabajar siempre: creyendo que eres la dueña. ¡Porque lo eres!

Ahora bien, la forma en que actúes como líder va a definir el rumbo de tus interacciones. Por ello, es muy importante que reconozcas tus fortalezas en la manera en que trabajas para que así aprendas a sacarles el mayor jugo posible.

Aceptar tus fortalezas

Hablemos de superheroínas. (Mis hijos y yo amamos Marvel y DC). Visualiza a la Mujer Maravilla y a la Capitana Marvel. En la última década, las películas de superhéroes han inundado las salas de cine y estas dos superheroínas han sido las primeras en sus franquicias en protagonizar películas propias. En ellas, ambas protagonistas se enfrentan a peligros, tienen que derrotar a los villanos, y en el proceso, descubrirse a sí mismas y la fortaleza interior que poseen. Sin embargo, no lo hacen de la misma forma. Diana Prince, la Mujer Maravilla, tiene un carácter gentil, compasivo, colmado de amor; de esta manera se presenta ante el mundo y enfrenta las adversidades en su película. Mientras que Carol Danvers, la Capitana Marvel, tiene un carácter agresivo y dominante, que le permite ser fiel a sus instintos y desafiar los obstáculos. Ambas son fuertes, determinadas y capaces de enfrentar de manera eficaz los problemas que se les presentan. A pesar de su diferencia en carácter, «salvan al mundo», cada una con su estilo.

De la misma forma, nosotras como líderes requerimos aceptar nuestras fortalezas para, a través de ellas, acercarnos a la gente y exponer nuestros proyectos al mundo de una manera más auténtica.

Yo, por ejemplo, siempre busco que mi aproximación con la gente sea cálida. Aun cuando digo cosas fuertes, encuentro la manera de transmitir el mensaje de esta forma. Suelo trabajar con cierto toque de alegría. Es algo que se me da por naturaleza y que mis socios han logrado reconocer en mí. Por otro lado, hay mujeres que en aspectos empresariales o profesionales jamás van a actuar de este modo; su estilo es más crudo y directo. Ambas aproximaciones, con su lenguaje propio, sirven. Identificar nuestro estilo nos permite maniobrar de mejor manera a la hora de exponernos ante el mundo.

El único denominador común que se debe tener siempre es la valentía para hablar. ¡Ay, cómo nos cuesta a veces! En las juntas, en comidas importantes, en todo. Pero tenemos que ser valientes para expresar nuestras opiniones, nuestros proyectos e ideas, y presentarnos a nosotras mismas. Esto es lo que verán a final de cuentas quienes están a nuestro alrededor.

«Hay que ser muy valientes y enfrentarse a las cosas. Si es necesario, actuándolo, a la larga saldrá natural», bien dice Ana María. En otras palabras: *Fake it till you make it!* (¡Fíngelo hasta alcanzarlo!).

Habla, aun cuando el mundo diga que lo que planteas está mal (lo cual va a suceder y es perfectamente normal). Escucha con oído atento y valora las críticas, pueden serte útiles y tener puntos válidos. Y recuerda: si puedes visualizar algo en tu cabeza, es posible realizarlo. Solo tienes que encontrar la manera de exponerlo.

Hablando de hablar... ¿qué es el *mansplaining* y el *manterrupting*? ¿Cómo combatirlos?

En los últimos años se han popularizado estos dos conceptos, sobre todo en redes sociales. Demarcan situaciones que suelen ocurrir, más veces de las que nos damos cuenta, en intercambios o conversaciones entre mujeres y hombres. Son neologismos del inglés que, aunque todavía no hay palabra para exponerlos en español, es importante nombrar para reconocerlos, hacernos conscientes de ellos y combatirlos. Entonces, ¿de qué van?

- ◆ *Mansplaining:* Viene de las palabras *man* (hombre) y *explain* (explicar). Ocurre cuando un hombre asume que sabe más que la mujer con la que conversa, por lo que busca explicarle y corregirla. La palabra ganó popularidad en 2008 a partir del artículo de la escritora Rebeca Solnit, «Men Explain Things to Me» (Los hombres me explican cosas), donde contaba cómo ella hablaba en una fiesta de su libro más reciente cuando un hombre la interrumpió para contarle de un libro fantástico que explicaba mil veces mejor el tema... solo para descubrir que ella era la autora de aquel libro.
- ◆ *Manterrupting:* Viene de las palabras *man* (hombre) e *interrupt* (interrumpir). Ocurre cuando una mujer que toma la palabra es interrumpida, a veces demasiado rápido, por un hombre que dice lo mismo que ella, según él mejor, pero su aportación es mínima; también es común que él cambie abruptamente el tema de la conversación.

De entrada, cabe destacar que las mujeres hablamos cuatro veces menos en un ambiente dominado principalmente por hombres, como afirma un estudio de la Brigham Young University. ¿En qué momento nos dejan hablar? Para combatirlo, las mujeres tenemos que mostrarnos firmes, incluso hablar más fuerte para retomar el control de la conversación y que nuestras ideas sean tomadas en cuenta.

Lorena Becerra, directora de encuestas de Grupo Reforma, cuenta que como analista, consultora y persona involucrada en una editorial, esto es muy común. Lo que Lorena hace en estas circunstancias es:

- ◆ Si no volverá a tener interacción con la otra persona, decirle: «¿Me permites terminar mi idea? Ahorita que acabe puedes seguir y no te voy a interrumpir».
- ◆ Si es una relación de trabajo que durará más tiempo, explicarle: «Los hombres tienden a interrumpir a las mujeres. Estás haciendo eso. Por favor, no me interrumpas». Afirma que eso los ayuda a hacerse conscientes de sus acciones y evitarlas.

«No te disculpes por pensar, criticar y tener ideas. No digas cosas como "Perdón, no quiero molestar, pero..." ¡No tienes que dar un preludio donde justifiques que estás hablando, pensando o por qué estás ahí! Muchas veces hacemos eso porque así nos enseñaron, pero tenemos que aprender a hablar directamente». Lorena subraya esto a la hora de hablar en cualquier escenario.

Habla. Alza tu voz. Acepta tus fortalezas, que harán auténtica tu conversación, y las mecánicas en que reconoces tu forma de trabajar. Por otro lado, tienes que contemplar todo aquello sobre lo cual tienes control y la capacidad de respuesta que posees ante la adversidad para saber cómo jugar tus cartas.

Control y respuesta

La capacidad de respuesta que tengas como persona será directamente proporcional a la aceptación de lo que puedes y no controlar.

Entre las cosas que puedes controlar están:

- Tus creencias, tu actitud, tus pensamientos, tu perspectiva.
- Quiénes son tus amigos, tu pareja.
- Cómo está conformado tu equipo.
- Cómo se distribuyen las responsabilidades en tu grupo laboral cercano.
- Tu trabajo.
- Los riesgos que tomas.
- Cómo interpretas las situaciones.
- Cuánto amor das a las personas y a ti.
- Pedir ayuda o no pedirla.
- Los sentimientos que expresas.
- En qué inviertes tu tiempo y dinero.
- Cuánto agradeces, sonríes y aprecias las cosas.
- Juzgar o no a algo o a alguien.
- El tiempo que pasas preocupándote por las cosas.

Lo que no puedes controlar tiene que ver con:

- Las palabras de los demás.
- Las ideas de los demás.
- Los errores de los demás.
- Las creencias de los demás.
- Las consecuencias de las acciones de los demás.
- Los sentimientos de los demás.
- Las acciones de los demás.
- Las opiniones de los demás.

En fin, la lista puede continuar. Pero si te das cuenta, solo tienes control sobre tus acciones y pensamientos. Fuera de eso, no puedes controlar las acciones de los otros ni lo que ocurre en el mundo a gran escala.

Dentro de un ambiente laboral, corporativo o de emprendimiento, siempre habrá situaciones que se presenten en el día a día, en tus labores cotidianas. Sobre estas, tienes el poder de optimizar los procesos, los recursos humanos, monetarios y el tiempo de realización de los proyectos, además de dar seguimiento a las estrategias. Fuera de esto, quizá estés limitada por lo que dependa de terceros. Y tienes que aprender a actuar en consecuencia.

Tu capacidad de respuesta depende directamente de la situación a resolver. Si aprendes a reconocer cómo comportarte y acoplarte según la circunstancia, lograrás atender primero lo prioritario y lo urgente, y soltar un poco cuando se trate de algo que queda fuera de tu control. Aprenderás, además, a reconocer los ciclos de trabajo, con lo que podrás adaptar y optimizar tus acciones cada vez mejor.

Aprender de la vieja escuela

A lo largo de mi vida he aprendido e interiorizado ciertas herramientas que en su momento vi a mis jefes utilizar y que han sido fundamentales para mi forma de trabajar y de desenvolverme en ambientes laborales. Estas son algunas de ellas:

La comunicación oral

Sé que ya nadie habla por teléfono; incluso algunas personas le tienen fobia o les genera ansiedad observar su celular vibrar ante una llamada. Actualmente se ha normalizado el escribir, sobre todo con los mensajes de texto. Sin embargo, marcar por teléfono puede agilizar los procesos, además de permitirte un acercamiento más personal con la gente.

En cuestiones laborales recomendaría mantener abierto el canal de la comunicación oral (aunque al llegar a acuerdos determinantes, procura dejarlos por escrito también mediante un documento o correo electrónico que puedas consultar cuando sea necesario). ¡Así que toma el teléfono y márcale a esa persona que te ayudará a desarrollar tu emprendimiento, idea o proyecto!

Cara a cara: las reuniones sí funcionan

Las reuniones de trabajo cara a cara sí funcionan. Claro, hay que saber evitar la *juntitis*; hay juntas que se pueden resolver en dos correos electrónicos. Sin embargo, usualmente se necesitan juntas para llevar a cabo proyectos. Sí funcionan, pero hay que racionalizarlas y plantear mecanismos para agilizarlas.

Hay quienes dicen que es preferible hacer las juntas de pie: una junta de una hora con café y galletitas, de pie dura 10 minutos. Busca agilizar tus reuniones y siempre aprecia la importancia de esa interacción cara a cara. En esos encuentros surgen las ideas de futuros proyectos y las soluciones a problemas y desafíos complejos.

Los detalles importan

Presta atención a tus interlocutores y busca entender su mundo. Observa sus ambientes, sus oficinas, la manera en que se comportan. Esto te dará claves para entender cómo piensan.

Además, dimensiona la importancia de dar las gracias, de pedir perdón, de ser cortés, de mandar flores, de felicitar a los cercanos y a los compañeros de trabajo en sus cumpleaños y también en ocasiones especiales. Estos detalles te ayudarán a estar presente en la mente de los demás y abrirte muchas más puertas de las que puedas imaginar.

Tomando en cuenta estos tres aspectos, es importante siempre considerar al «otro». Es por ello que me gustaría entrar en el tema con mayor detalle.

Piensa en el otro

«Todos los habitantes de nuestro planeta somos Otros ante otros Otros: yo ante ellos, ellos ante mí», decía el periodista Ryszard Kapuściński, quien desde su experiencia como viajero y reportero comprendía que ponerse en los zapatos del otro podría marcar la diferencia en la manera en que funciona el mundo.

Conocer el ambiente del otro, donde trabaja, es muy importante: te permite, en primer lugar, generar empatía con los demás, y en segundo, saber cómo exponerte ante ellos para que te escuchen.

Para la Cerveza Dual, por ejemplo, fui a Alemania. Llevamos para allá a los tres principales maestros cerveceros de México que iban a participar en el proyecto. Juntos visitamos tres cervecerías artesanales en Berlín y nos trasladamos a Baviera, donde se elaboró la Cerveza Dual en una cervecería artesanal. También visitamos los campos de lúpulo. Todo esto nos permitió dimensionar la importancia de la cerveza para un país como Alemania y posteriormente forjar alianzas y trabajar en conjunto para elaborar una cerveza única en su tipo.

Busca pensar en el otro siempre que tengas que presentarte ante alguien: ya sea tu jefe, los clientes, tu equipo, tus socios, la competencia o con entrevistadores; esto te permitirá trabajar en tu mensaje. ==La comunicación se logra entendiendo cómo piensan los demás.==

Pregúntate: ¿Qué hago para que el otro me comprenda? ¿Qué necesita escuchar? «Busca reubicar el discurso para que sea claro y contundente. No tienes que dejar en segundo plano tus necesidades o peticiones, pero procura que estas siempre estén en función de lo que el otro espera de ti», afirma Ana María Olabuenaga, mientras explica gráficamente que los negocios son como un cuadrilátero en donde tienes que saber dónde peleas, contra quién, y que, a través de la valentía y el instinto, podrás dar tu mejor golpe.

==Cuida siempre que toda interacción con otra persona sea lo más especial e inolvidable posible,== que la otra persona quede con una sensación positiva de la interacción. Como consejo adicional te sugiero que, a donde vayas, lleves tarjetas de presentación, para que así las personas que traten contigo sepan cómo encontrarte después.

Ahora que comprendes qué es lo que el otro quiere, necesita, o busca escuchar, es momento de construir la narrativa correcta para exponérselo. De ahí la importancia de saber bien qué y cómo vas a contar las cosas.

Todo depende de la narrativa

==Las personas nos movemos mediante las historias.== ¡Piénsalo! No hay nada más memorable que una serie de acontecimientos narrados del modo correcto. Por eso, aprender a hacer uso del *storytelling* o la narrativa, va a permitir que lo que digas resuene en el interior de quien te escuche. Para ventas y presentaciones esta herramienta te será especialmente útil.

Para empezar, tienes que concebir la historia que contarás y definir la perspectiva desde la cual la narrarás para acaparar la atención del público. Como vimos hace unas líneas, tu interlocutor marcará en gran medida el punto de partida y la definición de la anécdota con que transmitirás tus ideas. «Es como cuando en la noche ves las estrellas y puedes trazar múltiples rutas para llegar de una a otra. Se trata de tomar una idea, definirla y usarla como pretexto», expone Ana María.

Pregúntate primero: ==¿cómo engancho al público y mantengo su atención?== Después, conforme vayas narrando y atrapes la atención de la audiencia, podrás transmitir la información precisa de tu proyecto.

Aquí va un ejemplo de narrativa planteado por la misma Ana María en la presentación de su libro *Linchamientos digitales*:

Parto de una mujer que se suicidó después de ser linchada por unos videos que se hicieron virales. Se suicidó colgándose de un fular (o mascada) azul. Toda mi presentación gira alrededor de la mascada. Parto del punto: Esto es una mascada azul. ¿Por qué es importante que las mujeres conozcamos lo que son las mascadas azules?». De entrada, no sabes a dónde voy, pero todo tiene que ver. La mascada es una pista para que agarres una línea o idea. Digo: «¿Por qué las mascadas azules son tan peligrosas para las mujeres?», empiezo a dar las razones. Termino diciendo: «Todo este trabajo es para que las mascadas azules del mundo no nos ganen».

Quizá este sea un ejemplo más conceptual. Pero aterricémoslo en lo práctico. ¿Recuerdas el ejemplo que te conté de las computadoras Pera y Simon Sinek? El modelo de «empezar con el por qué» es, en sí mismo, una especie de *storytelling*. Arrancas por el motivo: «cambiar al mundo», inspiras a tu audiencia, la enganchas... y luego presentas tus computadoras con procesadores potentes. A fin de

YO _____, INC.

cuentas, es una historia. ==La clave está en encontrar eso que mueve a la gente== (un consejo: normalmente son los grandes motivos como «cambiar al mundo», o los pequeños detalles como «una mascada azul»), ==y en torno a ello construir el concepto que quieres transmitir.==

Por muy creativo que pueda parecer este ejercicio —que sí lo es—, es muy importante resaltar que cada una de nosotras puede hacerlo. Lo único que se necesita es poner nuestra idea o proyecto dentro de un contexto narrativo, una historia a construir, y después decidir el camino que servirá de gancho para quien está del otro lado. Lo demás saldrá con cierta naturalidad.

Pero si aun así necesitas algo que encienda tu creatividad, a continuación te presento algunos ejercicios para mantener las ideas a flote.

Las ideas pueden estar en todos lados

Hay varias formas de encontrar fuentes creativas y recursos que nos inspiren. Principalmente, se trata de ==exponernos constantemente a estímulos en nuestra vida cotidiana.==

En un principio, tenemos que estar alertas al mundo que nos rodea. Ana María explica que hay que estar «receptivas»: a la calle, a la gente, al camión, a la señora con el mandado. Observar todo con ojos de primera vez. Eso te hace creativa porque empiezas a entender varias cosas que quizá antes ni siquiera habías considerado.

En segundo lugar, siempre hay que buscar estímulos tradicionales (o tal vez no tan tradicionales), como el arte o el entretenimiento. Por eso hice hincapié, cuando hablé de redes de apoyo, en tener una red intelectual, puesto que esta te permitirá estar en contacto con gente que alimentará tu propia creatividad.

EL TURNO ES NUESTRO

> **Érase una vez...**
>
> Ana María me recomendó un ejercicio muy interesante para cuando sintamos un bloqueo creativo:
>
> > Cuando tengas un problema creativo, cuéntate un cuento común y corriente. Algo que ya conozcas. Por ejemplo, la Cenicienta. Lo que ocurre es que, mientras te cuentas la historia, una parte de ti se queda pensando en eso que se quedó pendiente. Cuando eres mamá, por ejemplo, un pedazo de tu mente siempre está pensando en tus hijos, aunque estés trabajando; se queda intentando resolver sus problemas. Te cuentas la Cenicienta y, de repente, los elementos de la historia te permiten observar las cosas de forma distinta. Puede ser la zapatilla de cristal, los ratoncitos, el vestido... te sacan de la caja en la que te metiste y que te impide ser creativa. Te detona cosas nuevas y mantiene tu mente viva.

Consejos prácticos para hacer una presentación

Aparte de la narrativa, siempre hay otros consejos prácticos para tener en cuenta a la hora de realizar una presentación.

- **Google es tu mejor aliado.** Cuando vayas a reunirte con una persona, entérate de quién es. Aparta siempre un tiempo para investigar su perfil general: qué hace él/ella, de qué va su empresa o negocio, cuál ha sido su trayectoria y en dónde están sus principales intereses.
- **El que mucho abarca poco aprieta.** Más vale decir que no a una serie de citas, proyectos y encuentros de poca importancia para tener tiempo de preparar cualquier presentación o reunión importante que tengas.
- **Prepárate, prepárate, prepárate.** Cuando vayas a dar un discurso, léelo bien, apréndetelo, investiga la entonación correcta, practica una y otra vez. Yo he dado como cinco discursos importantes en mi vida y para todos ensayé con Juan Manuel, mi hermano, o con Virgilio Muñoz, experto en temas de comunicación estratégica, quienes me apoyaron para prepararme con la entonación y la velocidad al hablar. Lo mismo es necesario para las presentaciones: lee primero lo que vas a decir, estúdialo y pon atención a los detalles.
- **Sé concisa y concreta.** No quieres aburrir a nadie ni perder su atención.
- **No expliques lo obvio.**
- **No asumas: pregunta.** Tu público puede no conocer determinados conceptos.
- **No quieras dar una cátedra o educar a quien te escucha.** Sé humilde.
- **Las presentaciones no deben tener texto, sino ideas e imágenes.** La narrativa la cuentas tú. Usa ejemplos y casos.
- **Sé honesta y transparente.** Hoy más que nunca tiene una enorme relevancia mostrarte sincera y reconocer errores u omisiones.

Dime qué publicas y te diré quién eres

De la misma manera en que es importante cuidar tu imagen corporativa, también es fundamental cuidar tu imagen digital. Tu imagen digital engloba mucho, pero se refiere principalmente a aquello que expones en internet.

El internet es probablemente el avance tecnológico más importante de las últimas décadas. Como toda tecnología, está diseñado para ser una herramienta en nuestras vidas; por lo tanto, es importante adoptarlo y permitir que nos facilite la existencia.

==Hoy en día, es difícil construir una marca sin tener presencia en línea.== Por ello, como profesionista debes cuidar la imagen que proyectas en la red, empezando por tu propia presentación en correos y en redes.

Bien dice Amanda Berenstein: «Tener celular con *mail*, después de la pastilla anticonceptiva, es una de las cosas que más ha liberado a la mujer». Tu correo es básicamente tu primer punto de contacto, escritorio y mesa de negocios en línea. Por ello, tienes que aprender cómo funciona, ya sea que uses Microsoft Outlook para organizar tu vida y tus negocios (como yo), o algún otro correo, como Gmail. Independientemente de ello, tienes que ser precavida en cada uno de los correos que escribas. Saluda siempre (de preferencia, conoce a la persona a la que le escribes y dirígete a ella directamente), cuida tu ortografía, escribe un mensaje completo con oraciones íntegras, y firma con tu nombre, puesto y credenciales.

Ahora, hablemos de las «benditas/malditas» redes sociales. Hay muchos casos de carreras profesionales y vidas personales que se han destruido (o establecido) por una sola publicación. Por ello, es importante cuidar esta imagen, lo cual no significa siempre ser políticamente correctas, dejar de ser simpáticas, críticas o provocadoras. Se puede ser así en las redes sociales, siempre y cuando se maneje de la manera idónea. El punto de equilibrio está en cuidarnos del impulso.

YO _____, INC.

Mi trayectoria en las redes sociales comenzó en 2010 (a pesar de que Facebook empezó cinco años antes). Vi la película *Red Social* y me dije: «Necesito entender esto». Abrí mi perfil, fui teniendo amigos, pero debo confesar que nunca me enganchó. Después descubrí Twitter, y abrí una cuenta en el mismo año. Como estaba en el sector público, la dinámica de la red social generaba gran interés en mí. Fui muy activa en ambas redes entre 2010 y 2015, hasta que llegué a Cerveceros y abrí Instagram, que se volvió para mí una herramienta de trabajo y promoción cervecera.

En estas tres redes sociales la dinámica es muy interesante. Cada una funciona y se puede utilizar de manera distinta. Ojo: hay muchísimas más redes sociales, pero estas son las más populares (y las que conozco), por lo que me centraré en hablar de ellas de manera general.

==Lo más importante de todo es que en redes construyas una identidad.== Por ejemplo, yo publico sobre mi trabajo, sobre las comunidades e instituciones que visito, subo publicaciones sobre cervezas, dado mi empleo anterior, pero también hablo de mis hijos, de ciclismo, de mis viajes, del empoderamiento femenino, y me gusta subir frases de los libros que estoy leyendo, al igual que hacer recomendaciones sobre diversos textos y literatura.

Haz una lista: ¿qué te gustaría proyectar en tu identidad *online*? Para ayudarte, te comparto los *Do's* y *Don'ts* (qué sí y qué no) de las redes sociales que me enseñó el equipo de la agencia digital Junkie Media.

Do's y Don'ts (qué sí y qué no) de las redes sociales

De manera general en redes

Sí

- Compartir contenido afín a tus gustos, ideología o personalidad.
- Escribir con un leguaje apropiado al sector al que quieres llegar. Si es tu grupo de amigos, puedes ser auténtica; si buscas ser *influencer*, puedes adaptar tu lenguaje al nicho en que deseas desarrollarte; si tu negocio trata aspectos más serios, maneja un lenguaje formal.
- Llenar la información de tu biografía. Te ayudará a dejar la impresión que buscas entre la gente que te conoce y entre la que está por hacerlo. Esta información puede servir como puerta de entrada.
- Verificar dos veces lo que escribes antes de publicarlo. Este es un buen ejercicio para asegurarte de que realmente quieres compartir eso y corroborar que no lleve errores ortográficos.
- Limpiar periódicamente tu muro o historial de contenidos. Tal vez ya no te sientas tan cómoda con lo que publicaste hace tres o cinco años. Es humano retractarse.
- Unificar tu nombre de usuario. Si tienes diferentes redes sociales, lo mejor es que tus amigos, gente y conocidos puedan encontrarte con el mismo nombre de usuario en cualquiera de ellas.
- Tomar en cuenta a tus amigos o seguidores. Hacerles preguntas o pedirles su opinión sobre ciertos temas los hará sentirse más cercanos a ti.
- Repartir *likes*, comentarios, y compartir el contenido de otros. No escatimes, todo esto es gratis. Si algo que viste o leíste te gustó, ¿por qué no corresponder de esta forma?

- **Usar una foto personal, lo más profesional posible.** Invierte en una sesión de fotos o investiga cómo tomarte una buena foto para sacar, ahora sí, tu mejor perfil y mostrar quién eres. Así generarás una interacción más personal.
- **Cambia con cierta frecuencia tus contraseñas.**

NO

- **Compartir información personal privada.** No compartas datos importantes a la vista. Información como la dirección de tu casa o los lugares que frecuentas, mantenla para ti.
- **Ignorar los comentarios de tus seguidores.**
- **Compartir *links* sin leer el texto completo, escuchar el audio entero y ver todos los minutos de un video.** Aunque el título parezca atractivo y afín a tu ideología, el contenido puede ser decepcionante.
- **Discutir con tus seguidores,** a menos que sea la intención de tu contenido.
- Finalmente, **no es bueno excederse en el uso de redes sociales.** No te abstraigas de la realidad.

Facebook

SÍ

- **Personalizar las opciones de privacidad.** Entre tus amigos, conocidos o familiares, tú puedes elegir a quién le llegan tus publicaciones, lo puedes seleccionar por grupo o individualmente.
- De la misma forma, **puedes elegir de quién quieres recibir noticias en tu muro.** Aquí no es buena opción eliminar contactos porque pueden sentirse lastimados, pero si te saturan con cadenas o noticias que no son de tu interés, puedes elegir no seguirlos sin eliminarlos como amigos (ni se darán cuenta).

- **Utilizar fotos de buena calidad.** Es mejor para todos que la foto se aprecie bien a primera vista y no sea necesario agrandarla o acercarte demasiado al teléfono (o la computadora) para entenderla.
- **Usar Historias de Facebook.** Es una herramienta reciente que te da mayor exposición, ya que en la mayoría de los casos llega a tus contactos en forma de notificación.
- **Aceptar invitaciones a eventos que sean de tu agrado.** Esto llegará de rebote a tus amigos y puede ser que a ellos también les interese ir a ese evento del que no tenían conocimiento.
- **Utilizar la herramienta de notificación de cumpleaños.** Es útil y te permite tener un gesto de cercanía con tus amigos y conocidos.

NO

- **Confiar a la primera en perfiles de procedencia dudosa o en ligas que parezcan sospechosas** (aun cuando las compartan conocidos). Puede ser que hayan sufrido un «hackeo» o el ataque de un virus cibernético y estén difundiendo (sin querer) contenido malicioso. En Facebook se da más que en cualquier otra red social.
- **Intentar llamar la atención con frases escuetas y misteriosas,** tales como «Tarde o temprano tenía que pasar…», «Logro desbloqueado». Esto capta la atención de la gente que nos sigue, pero es común que al dar la respuesta se sientan decepcionados, porque fue mayor la expectativa.
- **Hacer cosas pasadas de moda.** Utilizar herramientas como Get Glue o hacer *check-in* con Swarm o Foursquare, simplemente ya no va.
- **Tomar Facebook como fuente de conocimiento.** Mucha gente comparte frases célebres con fotos de personajes que no las dijeron, por dar un ejemplo poco arriesgado. Es divertido

mientras sepas que es ironía, pero no como divulgación científica, porque siempre habrá alguien que creerá que es cierto.
- Usar demasiado texto. Las publicaciones largas son pesadas y pasan desapercibidas, más aún si no van acompañadas de una foto o un video.

Instagram

SÍ

- Aprovechar las herramientas que te ofrece la plataforma. A Instagram Stories, Boomerang, Layout e Instagram TV se les puede sacar mucho provecho.
- Utilizar *hashtags*. Pero existentes, no inventados. Te ayudarán a segmentar mejor tus temas o ideas plasmadas en diferentes conversaciones, y estarán disponibles junto con lo escrito por otros usuarios con los mismos intereses.
- Publicar fotos orgánicas, pero bien cuidadas. Te recomiendo utilizar el teléfono celular en lugares atractivos y con poses «cuidadosamente naturales».

NO

- Subir fotos o videos sin contexto. En Instagram siempre se agradece una pequeña descripción sobre la imagen que acabas de subir, además ayuda a tus seguidores a conocerte mejor y a involucrarse con tu contenido.
- Hacer *spam*. Recientemente, la queja más común en Instagram es que mucha gente está comenzando a hacer *spam*: subir de golpe demasiado contenido sin valor. Si ves una foto que no te dice nada, puede ser que pase desapercibida y hasta ahí, pero cuando ves muchas fotos así de la misma cuenta en poco tiempo, se transforma en algo molesto.

Twitter

SÍ

- **Bloquear seguidores.** Twitter es una red donde tú no eliges quién puede seguirte, y si alguien que no te interesa como *follower* te hace sentir incómoda y no eres una marca, no tienes por qué aguantarlo. Esto a nivel personal. Si eres una marca, lo mejor es que tengas cuidado si respondes o no y cómo lo haces.
- **Seguir a cuentas con las que te sientas identificada.**
- **Hacer depuración de cuentas seguidas frecuentemente.** En Twitter es común que nos «emocionemos» y empecemos a seguir cuentas que creemos que nos interesan, pero más tarde descubrimos que no siempre es así. Si depuramos, los tuits que veamos en nuestra *timeline* serán más relevantes para nosotros.
- **Crear listas de intereses.** Son muy útiles para organizar los temas o grupos de personas que nos interesan e informarnos.
- **Abrir hilos para conversaciones largas sobre una misma noticia o un mismo tema.** Te ayudan a mejorar la conversación con tus seguidores.
- **Utilizar hashtags.** No les tengas miedo, te ayudan a posicionar mejor tu cuenta. ¡Pero no satures!
- **Sumarse a las tendencias.** Aprovechar los *trending topics* que tengan conexión con tus intereses te ayudará a tener un poco más de visibilidad en tu cuenta.

NO

- **«Robar» tuits.** En esta red es una práctica común, pero es mal vista por muchas personas. Siempre es más recomendable dar un retuit o citar al autor de este.
- **Mantener el número de «seguidos» en cero.** Tenemos que seguir a algunas personas. Twitter es una red social para conversar,

pero si no seguimos a nadie, ¿qué clase de conversación podemos tener?
- Pedir a la gente que nos siga. Ya no es tan común verlo, pero cuando sucede, es como si entraras a un banco y vieras a alguien pedirles a los cuentahabientes que le abonen dinero.
- Publicar más de un enlace en el mismo tuit. Es muy confuso, es mejor abrir un hilo.
- Hablando de enlaces, cuando tuiteamos uno, siempre es recomendable describir brevemente de qué se trata con nuestras palabras, y asegurarnos de que muestre una imagen, de preferencia.
- Otro de enlaces: verificar que funcione antes de compartirlo. No es recomendable enviar a nuestros seguidores a una pantalla que diga «*Error 404. Content not found*».

LinkedIn

Si bien, en contraste con las demás redes sociales, LinkedIn puede no ser tan popular, es la red centrada en relaciones empresariales por excelencia. Sirve para construir alianzas profesionales, encontrar puestos, actualizarse respecto a la industria y establecer conexiones valiosas. Arranca creando una cuenta y completa toda tu información.

Ahora, los Do's y Don'ts:

Sí:

- Utiliza una foto profesional en tu perfil. Nada de *selfies* o fotografías sociales. Busca aquella imagen que resuma cómo quieres que vean tu trabajo.

- **Descríbete de manera concisa y atractiva, utilizando palabras claves sobre tu rubro.** Imprime parte de tu personalidad en el resumen de tu perfil y asegúrate de escribir bien, sin faltas de redacción o de ortografía.
- **Mantén tu información actualizada.**
- **Personaliza el URL de tu perfil.**
- **Conecta con otras personas.** ¡Haz caso del nombre de la red social! Acepta solicitudes y busca conectar con gente en la industria, aun cuando no los conozcas personalmente.
- **Resalta tu experiencia y tus logros.** Este es un espacio excelente para autopromoverte.
- **Incluye el resto de tus redes sociales, tu blog o tu página oficial.**
- **Participa en grupos o en las publicaciones de tu red.**
- **Genera contenido.** Realiza publicaciones, ya sea contenido original o que haga referencia a la industria, a tu marca, a tu labor.

NO:

- **Mandes mensajes irrelevantes** o llenes el buzón de tus conexiones.
- **Le pidas recomendaciones a extraños.**
- **Hagas críticas negativas** o comentarios destructivos.
- **Olvides revisar y responder mensajes o comentarios.**
- **Mandes mensajes despersonalizados.** Nada te hace perder conexiones como el típico mensaje de «Quiero agregarte a mi red». Tómate el tiempo de escribir un mensaje especialmente para la persona con la que deseas interactuar.
- **Mientas** sobre lo que haces: tu puesto, tu empresa o tu experiencia. La verdad siempre sale a la luz.
- **Dejes desatendido tu perfil.** Intenta darle unos minutos diariamente.

Blogs

También considera la opción de construir un blog. Es una forma excelente de realizar publicaciones periódicas sobre temas que quieras profundizar, alrededor de tu marca o emprendimiento. Sirve enormemente para construir un currículum, dar a conocer tu negocio y mostrar constancia de tu iniciativa. A través de ello, también te permite interactuar con tu audiencia y atender sus necesidades de una manera más cercana. ==Un blog profesional tiene que ofrecer información y datos que sirvan para construir tu marca,== además de que cada publicación que generes debe tener una huella personal para distinguirse dentro de la red y el mundo de los negocios. Una manera de iniciar es utilizando páginas gratuitas como Wordpress.com o Blogger.com. También puedes explorar plataformas como Medium.com.

OJO: cuidado con las reacciones que tengas ante distintas publicaciones en redes sociales, pues cuando marcas, por ejemplo, un tuit como favorito, esa información le aparece a tus seguidores en su *feed*. Me pasó recientemente con un tuit subido de tono y si bien me reí mucho y no pasó a mayores, sí fue algo vergonzoso.

Las plataformas digitales te permiten ser lo que quieras ser. Puedes ser mamá, abuela, esposa, pastelera, ciclista. No tienes que meterte en un cuatro. Las redes sociales son un medio de comunicación idóneo y facilitan el intercambio de información. Bien dice Mercedes Palomar: «La importancia de las redes sociales es toda. TODA. Es *el* medio de comunicación. Fue Facebook donde crecimos… y logró juntar a muchas generaciones».

Como podrás comprender después de este capítulo, gran parte de tu negocio se sustenta en la imagen que das, proyectas y vendes. Por ello, debes prestar atención en cómo quieres que te vea la gente, desde aspectos físicos y de marca, hasta de forma digital y tangible. Habla bien de ti, sé asertiva, busca conectar con la gente, piensa en el otro.

Con esto conseguirás vender tus ideas y con estas ventas conseguirás los recursos para seguir creciendo. Así que, una vez que entiendas tu plan de negocios y de imagen, es de igual importancia hablar de dinero, de lo que esperamos recibir, invertir y conseguir. Nos dedicaremos a ello en el siguiente capítulo.

EN RESUMEN

- Tú eres tu propia marca. Por lo mismo, debes aprender a vender tu imagen. Busca siempre hablar bien de tu trabajo, de tu negocio y de ti. La publicidad de boca en boca comienza contigo.
- Cuando emprendes, tienes que construir tu marca de manera formal. Ten claro cuál es el ADN de tu proyecto, arma tu credibilidad e invierte en la imagen y presencia de tu marca en la industria.
- Presta atención a tu arreglo personal. Encuentra los elementos que te hagan sentir más cómoda, diviértete con tu estilo y busca utilizar ropa, accesorios, o detalles que te ayuden a proyectarte como quieres.
- Como líder y jefa, adueñate del espacio. Que tu trabajo sea fundamental para la operación.
- Conoce, acepta tus fortalezas y piensa antes de hablar, pero no olvides hacerlo. Haz que se escuche tu voz: habla. Siéntate en la mesa de discusión y establece firmemente tus ideas.
- Reconoce aquello sobre lo que tienes control para trabajar en tu capacidad de respuesta para cada situación.
- No tengas miedo de utilizar elementos de la vieja escuela: hablar directamente con la gente, tener reuniones cara a cara y prestar atención a los detalles y al otro, no pasa de moda.
- Construye una narrativa alrededor de tu proyecto para que la historia influya en el impacto de tus presentaciones. La creatividad está de la mano de cualquier idea o historia.
- En la actualidad, gracias al internet, contamos con múltiples herramientas que podemos utilizar para darnos a conocer y comunicar nuestra visión.
- Cuida tu imagen digital. Acércate al mundo en línea a través de las tecnologías y las redes sociales, para así difundir de mejor manera tus mensajes e ideas. Aprende cómo usar las nuevas herramientas que se crean día a día.

CAPÍTULO 7

Money, money, money

Quien piensa en abundancia, atrae abundancia. Es la verdad. En la vida, así como debes tener una relación sana con los demás y contigo misma, es importante desarrollar una relación saludable con tus finanzas.

En lo personal, me esfuerzo por vivir una relación muy sana con el dinero, y creo que lo he conseguido. Pero para ser honesta, me gustaría saber administrarlo mejor. ¡Ojalá hace veinte años alguien me hubiera dado unas clases de finanzas personales (o mejor dicho, me vendrían bien unas ahora)! Soy metódica y organizada, pero no soy buena administradora. Lo atribuyo a que no recibí ningún tipo de educación financiera formal. ¡Ninguna! Lo cual es horrible. Deberían enseñarnos desde pequeñas diferentes tipos de aprendizaje: desde lo emocional y lo social, hasta lo financiero y la comunicación. A falta de ello, he tenido que aprender sobre la marcha.

Lo bueno (o no tan bueno, más bien) es que no soy la única. Me he encontrado en la vida con mucha gente que no sabe hacer presupuestos, cotizaciones, que no comprende qué es un esquema de compensaciones o no sabe cobrar por proyecto, y eso, de cierta manera, nos ata. La cuestión es: ¿qué haremos al respecto? Entre bruces y moretones me he empeñado por aprender. Y gracias a ello, he logrado salir adelante y madurar mis finanzas. Así que me gustaría decirte lo siguiente: no importa tu edad, conocer de finanzas y aprender a manejar tu dinero va a ser una enorme ayuda.

La verdadera libertad: la económica

Hablar de números o de dinero suele estar estigmatizado, como si fuera algo más íntimo que nuestros sentimientos. Por lo mismo, es común que nuestra formación financiera se limite a conceptos adquiridos empíricamente o hábitos heredados. En el caso de las mujeres, suele estar todavía más desvinculado por las viejas nociones de codependencia aún arraigadas en la sociedad. El verdadero valor del dinero va más allá de la mera cuestión adquisitiva, nos da poder para decidir, actuar, y también pensar en nuevas ideas.

Las mujeres, en términos económicos, tenemos un acercamiento muy conservador al dinero, a pesar de que siempre se nos ha dicho que somos administradoras del hogar. Bien dice María Ariza, directora de la Bolsa Institucional de Valores, BIVA: «Como mujeres, históricamente hemos estado al margen de los temas financieros. Las carreras de finanzas, las STEM [acrónimo en inglés para referirse a ciencia, tecnología, ingeniería y matemáticas] tradicionalmente no han sido vinculadas con la mujer. Creo que es un área que tenemos que empezar a conocer, incursionar y permitir que se nos asesore». Debemos entender que ganar dinero y mantenernos a nosotras mismas no es un tema únicamente de emancipación femenina, sino de libertad.

Trabajo desde los 21 años, lo que me ha encaminado desde joven a tener una de las cosas que más valoro: independencia económica. Alguna vez, el presidente Felipe Calderón dijo: «La verdadera independencia de la mujer es la independencia económica». Esta independencia es la que te permite tomar decisiones autónomas, sin ninguna atadura o variable que te fuerce a permanecer en una situación determinada.

«Es muy importante tocar los temas de la economía y de las finanzas enfocadas a las mujeres», afirma Mercedes Palomar.

Muchas mujeres desde la cultura mexicana, por ejemplo, dejan a un lado lo profesional por ser mamás, y desperdician tiempo, contactos y estudios durante mucho tiempo. Luego, cuando quieren retomar el trabajo para ganar dinero, les cuesta. Además, en nuestro país hay mucha compraventa y emprendimiento informal, sobre todo entre mujeres. Incluso nos ha pasado en Lady Multitask que queremos pagarles a nuestras *city managers* y nos dan la cuenta del esposo. Nosotras les pedimos que se den de alta y se lo tomen en serio. El dinero que les pagamos *es* de ellas, no de los maridos.

Por otra parte, María Ariza puntualiza:

Premiábamos a las mujeres que se quedaban en sus casas cuidando a sus hijos, no estaba bien visto que las mujeres trabajaran. Afortunadamente, está cambiando esta situación. Aun así, existe una diferencia de sueldos entre hombres y mujeres que se acentúa a la edad de 29, aproximadamente, por la noción de dejar en pausa nuestras carreras para atender el tema de la maternidad. El problema aquí es que cuando cotizas, lo haces por el tiempo que llevas en la nómina de una empresa, y al separarte vuelves a cero. Debería ser un tema de política pública el reintegrar a más mujeres al ámbito laboral sin que exista un desfase tan importante en los salarios. Pero hasta que eso ocurra, lo que recomendaría a las que quieren ser mamás es que no dejen su trabajo, puesto que se puede tener una carrera profesional y continuar con el proyecto de vida de una manera exitosa. Habrá sacrificios, pero se puede.

Es parte de la realidad las mujeres que prefieren dedicarse exclusivamente a la crianza de los hijos, lo cual es válido (aunque, lo admito, no va conmigo), o que quisieran hacerlo pero no pueden permitírselo porque su sueldo es base y sostén de la familia. Cada quien es libre de elegir su camino, pero algo me queda claro: nuestro desarrollo profesional y personal, en conjunto, forma parte de lo que les enseñamos a nuestros hijos todos los días. ¿Qué queremos transmitir a las generaciones del futuro?

Finalmente, sobre esta concepción arcaica de que las mujeres no trabajamos por necesidad, sino por una cuestión de superación, como si no fuéramos el sustento de nosotras mismas ni de nuestro entorno, lo único que puedo decir es esto: ya es hora de que cambie. Y afortunadamente, cada vez es menos frecuente. Quiero creer que a las jóvenes de las nuevas generaciones ya no les tocará. Pero mucha gente aún lo ve así. De hecho, hay personas que me dicen hasta la fecha: «Ay, qué linda que trabajas». Como si alguien me mantuviera y mi trabajo fuera para «mis chicles». «Y aunque así fuera, si tienes las credenciales, es tu rollo en qué gastas o si tienes necesidad o no», afirma Lorena Becerra. ==«La gente debería valorarte como el activo que eres en un empleo».==

«Tenemos que empujar que las mujeres trabajen, emprendan más y se vinculen», afirma Mercedes. Y si emprendes o trabajas, está de más decir que tienes que hacerlo de manera formal. ¿A qué me refiero con esto? Darte de alta en el SAT, tener formatos de cotizaciones, de presupuesto, de uso de derechos, conocimientos legales, saber cómo vas a recibir pagos (por ejemplo, si vas a aceptar tarjetas de crédito, vas a tener que ser adquiriente de algún banco), rodearte de los asesores correctos. ¡Tener la cuenta a tu nombre! Quizá ahora suene muy complicado, pero como con todo, hay que empezar por el principio.

Lo básico para unas finanzas sanas

Una de nuestras mayores cualidades como mujeres es la prudencia; uno de nuestros mayores defectos, el miedo al riesgo. Y cuando hablamos de dinero, debemos ver hasta dónde se estira la liga entre la prudencia y el riesgo. Sobre todo porque ==tenemos que saber tomar riesgos… con prudencia.==

La mejor manera de hacerlo, desde tu posición en una empresa o en tu emprendimiento, es comprender qué ocurre con tus finanzas. Es un tema de orden, pero hay conceptos e ideas básicos que debes saber manejar tanto de manera personal, como profesional.

Como primera aproximación, te recomiendo buscar lecturas y cursos para aumentar tus conocimientos financieros; también buscar a alguien que te asesore, desde una contadora que te ayude con las declaraciones anuales, hasta un profesional especializado que pueda analizar tus cuentas para darte mejores opciones y oportunidades de inversión. Pero ==siempre, siempre, siempre, aunque vayas de la mano con alguien que te guíe en finanzas, busca comprender los conceptos principales,== de esta forma podrás no solo evitar que te vean la cara, sino también reconocer oportunidades de ahorro e inversión.

María afirma que «los emprendimientos son equipos de trabajo y no necesariamente todo mundo tiene que saber todo de todo, pero si tú eres la líder tienes que dominar los temas y comprender, al menos en términos generales, cómo se mueve el dinero».

Estos son algunos recursos a los que te podrías acercar para educarte de manera básica en temas de finanzas:

- ✦ Consigue un curso de educación financiera. No hay excusas, existen desde gratuitos hasta más especializados, verás que oferta no falta:
  - ○ La **Condusef** suele impartir cursos de educación financiera. Tiene desde diplomados hasta talleres gratis, donde brinda información sobre los ejes básicos de finanzas personales como lo son presupuesto, ahorro, crédito, inversión, seguros y retiro.
  - ○ **Bansefi** también tiene cursos gratuitos de educación financiera disponibles. Incluso tiene un portal llamado Finanzas para Todos, donde ofrece asignaturas en línea de nivel básico, intermedio y avanzado.
  - ○ También varios **bancos** están poniendo a disposición de sus clientes cursos que la Asociación de Bancos de México ha impulsado. Pregunta a tu banco si tiene algo disponible para ti.
  - ○ Por su parte, el **Museo Interactivo de Economía (MIDE)** imparte cursos y talleres no seriados, que

puedes tomar cuando quieras, de temas como ahorro, crédito e inversiones.
- La **Escuela Bancaria Comercial** también ofrece talleres de educación continua en finanzas personales, así como diplomados de finanzas empresariales que podrías tomar.
- La **Bolsa Mexicana de Valores** ofrece cursos y diplomados dirigidos al aprendizaje bursátil. Tiene cursos desde niveles básicos, hasta especializaciones y diplomados. También cuenta con recursos en línea.
- El **Servicio de Administración Tributaria (SAT)** da pláticas, talleres y conferencias fiscales para que los ciudadanos tengamos mejor comprensión de los procesos tributarios.

+ Acércate a plataformas de cursos en línea como Coursera, Skillshare o Udemy, que cuentan con cursos de finanzas y muchos temas más que te podrían ayudar a desarrollar tu negocio.

+ Escucha *podcasts* y ve canales de YouTube centrados en administración del dinero, como:
  - **The Financial Diet:** es un canal de YouTube (aunque también tiene un blog y cuenta en Instagram) que habla de finanzas personales de una manera sencilla.
  - **Pequeño Cerdo Capitalista:** es un canal de Sofía Macías, autora del libro con el mismo nombre, que da consejos de finanzas personales, emprendimiento y empleo. El mejor lado de su canal es que ella, al ser mexicana, desglosa muy bien los términos para nuestro contexto.
  - **La Bolsa para principiantes:** como lo dice su nombre, es un canal que te enseña a entender el funcionamiento de la bolsa de valores.
  - **Contador Contado:** es otro canal que busca resolver las dudas más comunes de contabilidad, trámites ante el SAT, así como cursos de Excel.

- **Invertir Mejor:** es un canal que muestra información sobre finanzas personales, inversiones y emprendimiento.
- Entre los *podcasts*, el de Stacking Benjamins toca diversos temas financieros y los presenta de una forma interesante y divertida.
- El *podcast* Radical Personal Finance ofrece consejos y recomendaciones para lograr la salud financiera, a través de historias y entrevistas.
- En el *podcast* Money Girl's, Quick and Dirty Tips for a Richer Life, la presentadora da consejos sobre finanzas inspirados en las noticias, experiencias y referentes actuales.

Por último, a nivel personal te sugeriría dos recomendaciones simples:

1. Acostúmbrate a pagar en efectivo. Cuando pagas en efectivo te das cuenta realmente de lo que implica este gasto, a diferencia de utilizar siempre la tarjeta de crédito.
2. Cuenta con un contador profesional para pagar tus impuestos puntualmente. Sé responsable en esto.

Los conceptos básicos que *debes* entender

- **Sueldo bruto:** Es la suma total de percepciones que recibe un trabajador por una jornada de trabajo, definida en su contrato.
- **Sueldo neto:** Es la cantidad efectiva que se paga al trabajador, después de haber restado al sueldo bruto las retenciones de impuestos, aportaciones de seguridad social y otros descuentos de nómina.
- **Compensación:** Es una retribución monetaria o en especie que se les da a los trabajadores por el buen desempeño de sus actividades laborales. Este concepto no tiene fechas de pago

mínimas ni máximas, los periodos de tiempo y las cantidades a recibir son decisión meramente del jefe.

◆ **Honorarios:** Trabajar bajo este concepto en una empresa implica que la persona emita recibos de honorarios periódicamente para cobrar sus servicios. La persona que emita los recibos debe:

1. Contar con su Firma Electrónica activa.
2. Tener en su constancia de situación fiscal una actividad empresarial o profesional.
3. Utilizar un sistema de facturación para emitir sus recibos, puede ser el gratuito del portal del SAT.
4. Declarar mensualmente sus impuestos a partir de la fecha de alta en esta actividad.

◆ **Auditor:** La importancia de un auditor en una empresa u organización es que valide las operaciones financieras y de control de la empresa para evitar posibles omisiones o errores que puedan existir contable y financieramente. Si en las posibilidades de la empresa no se cuenta con un presupuesto tan amplio para contratar los servicios de un auditor, lo más recomendable es que existan al menos estados financieros elaborados por el contador.

◆ **Alta en el SAT:** Es un trámite para el cual se tiene que agendar una cita en las oficinas del SAT y llevar los documentos básicos: INE, CURP y comprobante de domicilio, además de una USB. Si ya se tuviera firma electrónica activa, el contador por internet puede hacer los cambios necesarios sin que haya que acudir físicamente al SAT.

◆ **Alta en el IMSS:** En el caso de que se requiera dar de alta a una empresa, hay que llenar un formulario descargable de la página del IMSS y presentarse con cita en las subdelegaciones asignadas. Si eres persona física, el trámite puede ser por internet o seguir el mismo proceso de una persona moral.

Una vez contemplados estos conceptos básicos, con una noción más clara de la importancia de tener unas finanzas sanas y comprendiendo los términos financieros, es momento de trabajar en la columna vertebral de nuestro sostén financiero, tanto a manera personal como profesional: el presupuesto.

Hablemos de presupuestos

Para algunos suena a una labor titánica, para otros, de flojera. Pero un presupuesto significa muchas cosas: cálculos, planes, proyecciones, recursos, gente y, a veces, esperanzas. Un presupuesto te permite darle forma a lo que planeas hacer en el futuro y expresarlo en dinero. Es de infinita utilidad tanto personal como profesional.

Durante cuatro años manejé el presupuesto de la Cámara de la Cerveza. Tuve a mi cargo estrategias y gastos de operación, previa autorización del Comité Ejecutivo. Con ese dinero decidía las estrategias en las que invertir y establecía también los gastos de operación fijos, los cuales me daban un margen de maniobra para pagar la nómina, gastos de representación y todo lo demás. Hice una labor similar con Grupo Lala, parte de mis responsabilidades incluían procurar, asignar y administrar los recursos que desde el grupo se destinan a las causas que apoya la fundación. Ambos procesos implicaban tomar decisiones que afectaban la vida de mucha gente y de la institución.

A nivel personal, el presupuesto también es infinitamente útil. Quizá no tienes que destinar un porcentaje de tus fondos a nóminas, pero sin duda tendrás que considerar los costos del súper, de la comida, incluso de la colegiatura de tus hijos o de la ropa que vas a vestir. La noción que está detrás es la misma: organizarte para maximizar el alcance de tus recursos. ¿Quién sabe? Si lo haces bien, igual hasta puedes planear un presupuesto para irte de viaje por algunos días al final del año.

EL TURNO ES NUESTRO

El presupuesto te ayudará a tomar decisiones y ejecutar acciones en situaciones personales y profesionales.

> **Tres cosas que necesitas saber para realizar un presupuesto de manera general**
>
> **1. Tus ingresos:** el dinero que entra. En otras palabras, el dinero que recibes, ya sea a nivel personal: tu salario, o a nivel profesional: un dinero destinado para el proyecto. Esto incluye ventas, préstamos, becas, donativos, etcétera.
>
> **2. Tus egresos:** el dinero que sale. Todos los gastos, lo que pagas. Servicios, proveedores, deudas. María Ariza recomienda que al pensar en los egresos, los contemplemos de la siguiente manera:
>
> **a. Gastos primarios:** los básicos y necesarios. En este rubro y desde la dimensión personal, serían los servicios, la despensa, la colegiatura de los hijos. En la profesional, serían conceptos como la nómina, la materia prima, los servicios. «Es muy importante que, si tenemos alguna deuda, la veamos como gasto primario también, sobre todo antes de realizar cualquier gasto secundario», puntualiza María. «Por otro lado, siempre ten en mente la contribución al gobierno a través de los impuestos. En caso de que no se te retenga en tu nómina, tienes que considerarlo entre tus egresos primarios».
>
> **b. Gastos secundarios:** los que varían y no son tan necesarios. En lo personal, serían algunos lujos o gustos en los que

quieres invertir. Por ejemplo, podría ser algún viaje familiar u otro tipo de entretenimiento. En lo profesional, quizá sea una renovación del equipo de trabajo (computadoras, por ejemplo), solo por tener un modelo más reciente (claro, si las computadoras ya no sirven o son tan viejas que algo que tomaría un minuto con una máquina nueva, con la que tienes toma diez, entraría como un gasto primario).

3. **La diferencia entre estos dos conceptos:** Idealmente, deberían estar balanceados (o mejor aún, deberías de gastar menos de lo que ganas). «En caso de que no te alcance para tus gastos primarios, hay que pensar en alguna estrategia para brindarte el flujo que necesites: tal vez pedir un préstamo o financiamiento. ¡Siempre con mucha prudencia y teniendo en cuenta nuestro nivel de ingresos!», dice María. Ojo: nunca te endeudes con la tarjeta de crédito, será «dinero rápido», pero los intereses que te cobran a cambio no lo valen.

Una vez comprendido este balance, puedes empezar a hacer una proyección de cómo usarás el dinero, ya sea mensual o anual, de la forma más precisa posible. Pregúntate cómo puedes reducir tus gastos (claro, sin perder calidad en tu trabajo o vida) y manéjate con prudencia. Si tienes dudas, consulta a un experto. La mayoría de la información está en internet, pero también hay individuos que ofrecen sesiones de consultoría a costos accesibles.

Si ves que elaborar el presupuesto te da como resultado números rojos o negativos, hay alternativas para obtener el dinero que necesitas:

- **Pedir un préstamo:** puede ser desde pedirle prestado a tu familia o amigos, hasta ir a un banco para pedir un crédito financiero. Es muy importante que ambas partes hablen de forma clara para tener los términos establecidos, los cuántos y los cuándos (de preferencia, por escrito); y se comprometan a cumplir su parte, sobre todo tú, que pides el préstamo.

- **Recurrir a alguna plataforma de fondeo colectivo:** empresas como Kickstarter, Crowdfunding, GoFundMe, Fondeadora, Indiegogo se encargan de recolectar recursos de una comunidad en línea que aporta dinero a cambio de recompensas.
- **Buscar inversores:** un inversionista es una persona que aporta una cantidad de dinero para conseguir un retorno de ganancias en una empresa; en este caso, es alguien que cree en el producto, servicio o proyecto que ofreces y que está dispuesto a ayudarte a echar a andar el negocio. Cuando buscas inversionistas, debes tener muy claro que es necesario y fundamental llevar a cabo un plan de negocio mediante el cual puedas demostrarles quién está detrás del emprendimiento (o sea, tú —y tus socios, si tienes—), la idea del proyecto, y para cuándo podrán contar con un retorno de la inversión.

Sobre este tema debo hacer un paréntesis y hablar sobre el sesgo de género que existe entre inversionistas. De acuerdo con un artículo de la revista *Fortune*, en el año 2018 en Estados Unidos solo 2 por ciento de las mujeres emprendedoras recibieron fondos a través de inversiones. Según Dana Kanze, especialista en inequidad en el emprendimiento y profesora adjunta en la Escuela de Negocios de Londres, esta estadística tiene una explicación. Ella afirma que la causa de este número tan desalentador es el tipo de preguntas que suelen recibir las mujeres a la hora de presentar sus proyectos, a diferencia de las que reciben los hombres.

En el caso de las mujeres, las preguntas están vinculadas a diálogos de prevención (por ejemplo, ¿cómo vas a mantener a tus clientes interesados?), lo cual implica más riesgo en la mente de los inversionistas y, por lo tanto, hace menos probable que inviertan en ellas su dinero; mientras que, con los hombres, la conversación gira en torno a una cuestión de promoción (por ejemplo, ¿cómo planeas adquirir a tus clientes?), lo que facilita que se vean las oportunidades en el negocio y se invierta. Las empresas podían ser similares, las presentaciones sin diferencias significativas, pero las preguntas tendían a marcar los resultados. De hecho, la situación se replicaba cuando las inversionistas eran mujeres. Todos los inversores presentaron este sesgo implícito de género por igual.

Lo que Kanze recomienda para cualquier emprendedora es que primero reconozca las preguntas que recibe durante una presentación a inversionistas, y si es una pregunta de prevención, cambie el foco y dé una respuesta enfocada a la promoción, que le permita enmarcar el potencial de su emprendimiento. Todo esto se explica mucho más a detalle en su plática de TED, te invito a que la busques en internet.

Si eres emprendedora, busca reconocer esta situación y cambiar tus respuestas de tal forma que los inversionistas puedan ver las oportunidades en tu negocio. Si tú eres quien va a invertir, ten en cuenta este sesgo y busca hacer preguntas imparciales.

Recuerda: si tienes ganancias y estás emprendiendo, busca utilizarlas en primer lugar para pagar tus préstamos y deudas; en segundo lugar, para hacer inversiones y, al final, para pagarte a ti misma.

> Consulté a mi amigo, Carlos Verástegui, CEO de la agencia ACHE, sobre otros conceptos importantes a manejar en cuestiones de presupuestos. Estas son las recomendaciones que me dio

- Lo único que puedes controlar son tus gastos, no tus ingresos; siempre planea con base en lo que cuesta algo, no en lo que se puede vender.
- Lo ideal es siempre tener márgenes superiores al 20 por ciento de todos tus costos.
- Siempre establece claramente tiempos de pago para evitar sorpresas o contratiempos.
- Para todo proyecto es ideal tener un contrato que te permita tener certeza y dar certeza sobre tus servicios.
- Cotiza con dos o tres proveedores cada rubro dentro de tus proyectos, para poder tener comparativos y trabajar con la opción que te dé mejor costo/beneficio.
- Nunca asumas proyectos más grandes que tu capacidad.
- Realiza P&L (estados de utilidades y pérdidas) como ejercicios operativos que te permitan visualizar a largo plazo la viabilidad de tus proyectos.
- Prioriza tus conceptos o rubros con base en las necesidades de cada proyecto, para tener una mejor operación de estos; de la misma manera, prioriza los pagos.
- Negocia con proveedores estratégicos mejores costos y alianzas para lograr mayores rentabilidades y menor presión financiera.

Con claridad en nuestros presupuestos, también es vital saber darle un valor numérico a nuestro trabajo. Esto podrá ser hasta cierto punto sencillo cuando vendes algo tangible. Pero, ¿qué pasa con nuestros costos cuando tenemos que promover un servicio o trabajo que no tiene forma física?

Ponerle valor a nuestro trabajo

¿Cómo ponerle valor a lo que no tiene cuantificación? ¿Cómo le asignas una cifra a tu trabajo? En el mundo empresarial y de emprendimiento, cuando se habla de proyectos, la moneda de cambio es tu tiempo. Por ello, saber valorar lo intangible es un tema serio. El tiempo es dinero y necesitas aprender a definir cuánto vale.

La primera consideración general, proveniente del abecedario del trabajo y la compensación, es que nadie valorará lo que no cobres. No importa si es una consulta, clases, o personalización: nadie valora lo que no le cuesta. Hay veces en que una joven puede contemplar ser becaria o «futurear» con una empresa: «Este proyecto lo haré gratis para que después me contraten». Por favor, nunca hagas esto. No regales tu trabajo. Si eres becaria en algún lugar y no te pagan, habla con tus jefes y diles: «páguenme algo». Aunque sea un monto simbólico, dinero para el transporte o la gasolina del coche. Se observa en los programas sociales, por ejemplo: por más que haya clases gratuitas, cobrar de una manera simbólica hace que la gente valore el servicio o ayuda que se le está dando.

¿Y cómo le pones valor a tu trabajo? Dependerá de lo que ofrezcas. Lo más sencillo de cobrar, en cierto sentido, son los productos, porque son objetos físicos. Para saber cuánto tienes que cobrar por tu producto primero tienes que sacar los costos de elaboración y luego establecer el precio. Esto implica saber cuánto es de materia prima, de lo que te cuesta procesarla, más el valor agregado de tu trabajo. ¿Qué quiero decir con esto? Que si, por ejemplo, vendes pasteles, tienes que considerar para hacer tus costos: los ingredientes, los servicios que utilizas para producirlos (gas, luz, renta, agua), y si además la decoración es una obra de arte y por lo tanto un valor agregado del pastel, tienes que darle un valor monetario acorde con este.

Pero cuando lo que ofreces es un servicio, las cosas se pueden poner un poco más complicadas a la hora de valorar. Todas aportamos un valor agregado en nuestro trabajo y tenemos que comprenderlo para poder ponerle un precio. Tienes que sentirte cómoda con lo que recibes en compensación por lo que das y dejas sobre la mesa. Después de todo, una organización absorbe tu conocimiento y tu experiencia para su crecimiento. En medio de tu preparación y experiencia está tu valor. Tú aumentas el valor económico de la empresa.

Si trabajas en una organización, en el momento en que sientas que tu sueldo no es acorde, tienes que solicitar un aumento. «Estamos preparadas profesionalmente, debemos capitalizar este valor», dice María. «Es parte del proceso que cualquier empresa debe tener». Si te da miedo, porque pasa, te recomendaría hacer una revisión de los logros y resultados que has obtenido para que la uses como base para entablar la conversación con tus superiores. Después de todo, la única manera de cobrar es cobrando.

Lorena Becerra afirma algo muy cierto:

Como mujeres estamos demasiado conscientes de nosotras mismas para demostrar que valemos, mientras que un hombre en la misma posición, no. Los errores no les cuestan lo mismo a los hombres que a las mujeres. Ganarte el respeto te cuesta el triple que a un hombre. Necesitamos estar en el mismo canal en temas de dinero y atrevernos a pedir un aumento cuando lo consideremos necesario.

Las veces que he llegado a pedir un aumento, preparo documentos, muestro resultados y lo consulto con todo mundo: mi papá, mis hermanos y hasta con la almohada. ¡Es todo un lío! «Es muy duro que las mujeres tengamos que estructurar la petición de un cobro que nos merecemos», subraya Lorena.

Pero siempre hay que ser claras. Decir las cosas. Es muy importante vender tu trabajo al valor que merece, no menos ni más.

Esto a final de cuentas marca un estándar en la industria. Como te vendas, determinará en buena medida el camino de aquellas que vienen detrás de ti. Parte del éxito de aprender a cobrar, es siempre decir las cosas a tiempo. «Cuentas claras, amistades largas», dice el dicho, o en este caso: carreras prósperas. Después, debes dejar los acuerdos por escrito y manejar esquemas de transparencia donde todo esté regulado.

Ahora, cuando emprendes, o cuando tu trabajo es de *freelance*, saber cobrar definirá tu éxito, equilibrio y sostén. El problema aquí parte, en buena medida, de la forma en que se llega a valorar en nuestro país el trabajo de la mujer. A veces tratarán de pagarte menos, o incluso creerán que por invitarte algo o hacerte un favor, queda cerrado el trato. Si tú eres una emprendedora o trabajas como *freelance*, tienes que ser muy firme y desde un principio marcar tus parámetros.

> Lorena ha aprendido con los años cómo hacerlo. Me platicó su experiencia sobre aprender a cobrar y qué le sirvió para realizarlo de manera efectiva
>
> A mí al principio me costaba trabajo valorar lo que ofrecía. Sucedió que, en una ocasión, di una plática junto con otros dos hombres, donde fui a la única a quien no le pagaron. Fue una chava la que me dijo: «Lorena, no seas tonta. Este es tu trabajo y traes más información que ellos». Al rato, los mismos que no me pagaron ya me querían invitar a comer, y fue ahí cuando les dije «Yo cobro».
>
> Porque, por ejemplo, con una plática de café, en realidad están pidiendo tu análisis, que viene de tus fuentes, de lo que lees, y la información privilegiada que tienes. Yo, por ejemplo, llevo 20 años haciendo encuestas públicas. A la larga llegué a la

conclusión de que cualquier cosa que incluyera un análisis donde tuviera que poner mi cabeza a trabajar, es parte de mi trabajo.

Desde entonces, lo primero que le digo a un cliente es: ¿qué es lo que te interesa saber?, ¿qué formato quieres?, para que así te diga cuáles serían mis honorarios. Establezco un contrato, de preferencia en un correo por escrito, en donde le digo al cliente, sobre todo si no lo conozco, que queda por sentado que daré una plática, con una determinada duración, formato, temas, fecha, idioma, tiempo para preguntas y respuestas; específico si incluye presentación, si habrá *follow-up*, y al final, el costo y cómo pagarme. Pongo una tabla con todo esto desglosado.

Al principio la gente me decía: «¡Pero es una charla informal!». Entonces, les respondía «Sí, es una charla, pero es un análisis. Ese análisis cuesta y de eso tú, banquero, inversionista, empresario, líder de opinión, puedes generar ingresos adicionales y hacer negocio».

Otra cosa que me ha ayudado mucho es que toda la parte administrativa la maneje una tercera persona. Al cliente le digo: «Te pondré en contacto con "x" persona, quien te hará llegar la factura». Al final de cuentas, es una manera de formalizar la relación.

Cuando tienes un producto intangible, hacerlo lo más serio posible ayuda a que los clientes entiendan tu producto, para que vean que es algo formal y es un producto laboral. ¡Y que no se pasen de lanza! No porque no entregues algo tangible significa que no trabajaste.

Como podrás observar, puede que al principio cobrar sea difícil, pero tienes que ser muy firme para que así puedas obtener los resultados esperados y seguir cultivando tu emprendimiento o esfuerzo. Por ello es esencial, al momento que empecemos a recibir ganancias de nuestro trabajo, que elaboremos un plan de inversión que nos ayude a crecer nuestro patrimonio.

Seduce al dinero: ¡a invertir!

Como mencioné al inicio de este capítulo, gran parte del tema de la abundancia tiene que ver con la fuerza de la atracción. La gente que es «centavera», que cuenta cada centavo, nunca tendrá lo suficiente en su vida; piensa tanto en el dinero que pierde el enfoque.

Parte de tener una relación sana con el dinero implica saber distanciarse de él lo suficiente, con el fin de atraerlo y capitalizarlo a futuro.

¿Y cómo lo haces? Invirtiendo. Independientemente del trabajo que tengas, que te aporta un ingreso establecido, es muy bueno y aconsejable que, a la par de tu carrera profesional, construyas un patrimonio. María Ariza apunta:

> Ten un plan de cómo quieres cuidar de tu patrimonio y modélalo de manera mensual, anual, cada cinco años. Es decir, haz modelos de tus ingresos y gastos mensuales cubriendo siempre tus gastos primarios; a partir de la cantidad que te sobre de tus ingresos, podrás considerar la posibilidad de ahorrar. Este ahorro, recomiendo trabajarlo e invertirlo adecuadamente en diferentes vehículos. Puedes invertir en proyectos, en acciones y en oportunidades que se te presenten. El chiste es distribuir el restante de una manera inteligente para que genere ganancias adicionales, cubriendo siempre tu liquidez. De este modo, lograrás generar un patrimonio sobre tu ahorro y tener un bien mayor.

==Es muy importante invertir el ahorro porque con el tiempo, el valor del dinero decrece,== por la inflación y otros factores socioeconómicos. Dejarlo abajo del colchón empolvándose te hará incluso perder parte del patrimonio que podrías estar construyendo. Invierte tu dinero para que tenga vida.

Puedes empezar a invertir en algo relativamente sencillo, como conseguir un ingreso adicional. Este puede venir de varias fuentes. Una posibilidad es trabajar en un negocio multinivel que te asegurará un ingreso, pero implicará invertir tiempo. Un negocio multinivel se basa en una estrategia en la que los integrantes reciben dinero no solo por las ventas que ellos mismos generan, sino también por las ventas generadas por las personas que forman parte de esa red. Mercedes Palomar retomó su carrera a través de un negocio de este estilo y aprendió bastante para luego establecer Lady Multitask: «El multinivel te suele enseñar las bases para formar comunidades, sobre todo entre mujeres. Nosotras dijimos: Qué padre tener un lugar en que nos recomendemos como amigas, donde podamos promocionar nuestros negocios y crecer en conjunto».

Por otro lado, también puedes buscar desarrollar un proyecto propio con algo que te apasiona. En mi caso es escribir. Si tu pasión es la ropa, tal vez puedas diseñar playeras y venderlas por internet o en bazares de fin de semana, por ejemplo. A lo mejor no te compren mucho, pero vas a estar feliz y algo le ganarás al tema. Identifica qué te gusta y haz un plan.

Ahora, si quieres invertir de una manera más estructurada, te recomendaría buscar un asesor financiero que te apoye a tomar decisiones y dirigir tu patrimonio en la bolsa de valores de la manera más efectiva. María sostiene que «es importante siempre dejarnos asesorar, leer, documentarnos, estudiar y, definitivamente, buscar generar rendimiento a nuestro ahorro. Ya nos cuesta trabajo tenerlo, que valga la pena».

==Siempre he pensado que es mejor no poner todos los huevos en la misma canasta.== Puedes invertir de diferentes maneras, y una de ellas puede ser en la bolsa. «No todo tu patrimonio, sino un excedente de tus ingresos que no necesites de corto a mediano plazo», puntualiza María:

> Este excedente se puede invertir en instrumentos y dejarlos en manos de expertos. Dependiendo del instrumento, se pueden invertir de 5 mil pesos en adelante, y hay todo tipo de fondos y opciones. Los rendimientos que se obtienen en este tipo de instrumentos son superiores a cualquier otro tipo, por el riesgo que implican. Cuando el riesgo es mayor, el rendimiento también lo es. Pero no hay que tener miedo a invertir cuando se hace de manera informada.

Sobre todo porque a la larga, esto servirá para solidificar nuestro futuro.

==Seducir al dinero tiene que ver principalmente con la forma en que utilizamos el que ya tenemos, en vez esperar a lo que habremos de recibir en el futuro.== Invertir es encontrarle potencial a lo que ya has ganado, para consolidar algo mucho más grande aún.

Como podrás comprender, el dinero no puede ser tu única motivación para trabajar y esforzarte en la vida. Sin embargo, saber manejarlo definitivamente te dará un piso sólido sobre el cual podrás avanzar. Esta labor implica un buen análisis y mucha organización. Por esto mismo, es momento de que hablemos de cómo manejar algo menos tangible que el dinero: nuestro tiempo.

EN RESUMEN

- ▲ Busca aprender más sobre finanzas, tanto personales como empresariales, para que puedas consolidar mejor tu desempeño y proyecto de vida.
- ▲ La verdadera libertad es la independencia económica. Debemos dejar a un lado los estereotipos de antaño relacionados con las mujeres y el dinero, y empezar a tomar las riendas de nuestra realidad financiera.
- ▲ Formalízate. Date de alta en Hacienda. Paga impuestos. Haz las cosas de manera seria para que te tomen en serio.
- ▲ Existen múltiples recursos para obtener mayor educación financiera, desde los tradicionales hasta aquellos que puedes encontrar en el mundo digital. Explóralos para fortalecer tus conocimientos.
- ▲ Comprende los conceptos financieros básicos para que puedas usarlos a tu favor en tu emprendimiento.
- ▲ Aprende a hacer tus presupuestos, tanto a nivel personal como profesional. Es muy importante que sepas cuáles son tus ingresos, egresos y el balance que hay entre ellos.
- ▲ Si necesitas más dinero, busca la manera de obtener recursos adicionales a través de préstamos, financiamientos e inversores.
- ▲ Como mujer, ante inversores, busca enmarcar cualquier pregunta preventiva con una respuesta promocional.
- ▲ Aprende a ponerle valor a tu trabajo. Establece parámetros claros de qué ofreces y a cuánto equivale tu esfuerzo en tiempo y dinero. No trabajes gratis.
- ▲ Invierte tu dinero para que construyas un patrimonio. Puedes hacerlo de varias maneras y con diferentes instrumentos. Lo importante es que no pongas tu dinero bajo el colchón ni todo en la misma canasta.

CAPÍTULO 8

El arte está en el equilibrio

¿Qué es el éxito? Más que una cuestión de ganar dinero, de tener a la pareja ideal o de prestigio y estatus social, cívico o político, es querer lo que tienes: que lo que hoy posees y el lugar en el que estás te colmen, te hagan sentir feliz. Una vida profesional exitosa no es garantía de una vida personal plena, ni viceversa. En cambio, tener un equilibrio entre lo personal y lo profesional es equivalente al éxito real.

Los humanos somos seres complejos, no podemos encerrarnos en una sola actividad. El verdadero esclavo es quien trabaja todo el tiempo. ¿Dónde está la vida en eso? Hay que ser pragmáticas con nuestro tiempo para ser verdaderamente funcionales y vivir una vida balanceada. Si bien no siempre lo tendrás todo (a veces habrá que invertir un poco más en un área que la otra), tienes dos opciones: estancarte y quedarte de brazos cruzados, o trabajar para conseguir una vida con equilibrio.

El equilibrio no se puede medir en días, sino tal vez en semanas. Hay días buenos, días malos, pero ponerlos en una balanza ayuda a contemplar la manera en que distribuimos nuestras actividades, y la perspectiva de la semana o del mes te da la distancia suficiente como para valorarlo. «Si tengo un día malo, como pasa, no me siento fatal porque hay más días buenos», puntualiza Amanda Berenstein.

«Si tengo dos malos días, pero tres buenos, implica que fue una buena semana en general. Medir tu equilibrio a largo plazo sirve mucho en este sentido».

«En la vida está el éxito», enfatiza Ana Jimena Ramírez, fundadora y directora de Sersana. ==Escoge vivir, aprende a hacerlo.== Manejar tus tiempos de manera equilibrada te ayudará a alcanzar mayores metas a largo plazo. Es la única manera en que realmente podrás alcanzar el éxito.

Con todo y culpa

Antes de entrar en materia, considero necesario tocar un tema importante. Lo mencioné previamente y lo reitero ahora: como mujeres, ==ya es hora de que dejemos a un lado esa idea de tener que escoger entre ser una cosa u otra, cuando podemos serlo todo.== Únicamente tenemos que aprender a reconocer la mejor manera de enfocarnos en nuestro cometido.

Por años se nos ha vendido la idea de la mujer trabajadora, pero sacrificada, especialmente si tiene hijos: aquella que alcanza grandes puestos de trabajo a costa de su vida personal, su imagen y su familia. Pero esta visión no es más que una perspectiva negativa que desde muchos frentes sociales nos hace vivir con culpa por querer ser todo lo que somos.

Es una perspectiva francamente falsa. ¿Por qué? Porque el éxito no tiene diferencia de género. Hombres y mujeres podemos cultivar una vida personal y profesional exitosa si nos comprendemos como iguales. Tenemos que dejar de justificarnos. Por ser ejecutiva, te justificas como mamá; por ser mamá, te justificas como ejecutiva. Los hombres no se justifican. La culpabilidad es diferente.

El encasillarnos como mujeres trabajadoras, sacrificadas, no hace más que aprisionar nuestro futuro y el de las mujeres detrás de nosotras. Por eso «tenemos que tener más ejemplos de mujeres exitosas, que no hablen del sacrificio y el costo que tiene ser una mujer ejecutiva, ser mamá, tener pareja», dice Amanda Berenstein. «Debemos mostrar más ejemplos de mujeres que se ven bien, trabajan bien y tienen éxito en casa. Tenemos que dejar de asociar éxito con sacrificio cuando se habla de mujeres, porque se ha analizado desde una connotación negativa».

No obstante, la realidad es que muchas mujeres, no solo en México sino en todo el mundo, sí han tenido que sacrificar parte de su trayectoria profesional o su vida personal porque no han tenido la posibilidad de continuar en los dos caminos a causa de sus circunstancias particulares. Patricia Mercado, reconocida política mexicana y feminista, dijo en un foro hace un par de años que en nuestro país no se lograría alcanzar una verdadera equidad de género hasta que el cuidado de los grupos más vulnerables (niños, ancianos y enfermos) no dejara de estar exclusivamente en manos de las mujeres. Y es real. Pensémoslo un minuto: el niño se enferma y lo cuida la mamá, el padre está hospitalizado y generalmente es la hija o la nuera la que se queda por la noche a cuidarlo, ni qué decir de los recién nacidos y los lactantes.

El problema es que nos costará tiempo soltar esta carga social que yace sobre nuestros hombros. Incluso hoy en día, desprenderme del sentimiento de culpabilidad cuando tengo que quedarme más tarde en la oficina y no puedo pasar tiempo con mis hijos me sigue doliendo. Por eso afirmo que, con todo y culpa, tenemos que trabajar.

La culpa es ego. «No soy la mujer, la persona, la mamá perfecta». Es falso creer que cumplir con todos los estándares es determinante. Las cosas no funcionan así. La reflexión, la autocrítica y hacer consciencia de nuestros actos sirve. Pero la culpa es una mera noción social. Solo sirve para estancarte. Por eso, nuestra responsabilidad es dejarla ir.

Está probado que tanto las madres empleadas como las madres que se quedan en casa pueden ser modelos positivos, o al menos eso dice Kathleen L. McGinn, una profesora de Harvard que a través del estudio «Learning from Mum: Cross-National Evidence Linking Maternal Employment and Adult Children's Outcomes» (Aprendiendo de mamá: Evidencia trasnacional que conecta el empleo maternal con los resultados de sus hijos adultos) logró junto con su colega observar impactos positivos en el desarrollo de los hijos cuando las madres trabajan.

Movámonos de la culpa a asumir.

Asume las responsabilidades, los errores, las acciones. Es tremendamente más productivo. Asumir construye, culpabilizarte hace todo lo contrario. Si sientes culpa, vívela, pero después asume las circunstancias. Notarás que es liberador. Puede ser difícil al principio, pero es una cuestión de crear el hábito que, a diferencia de la culpa, forja carácter.

Y sobre la situación del trabajo y los hijos, es fundamental que tu familia sepa (y entienda) por qué trabajas, en dónde lo haces y a qué te dedicas en el día a día. Si involucras a tus hijos en lo que haces, comprenderán y vivirán bien, porque relacionarán tu trabajo como parte de ti. «Es muy importante que tus hijos entiendan que hay una correlación entre su nivel de vida y el hecho de que mamá trabaje. Debes buscar que tu trabajo no sea un espacio gris en su mente», afirma Amanda.

Así como debemos dejar a un lado ese sentimiento de culpa, tenemos que empezar a observarnos como responsables de nuestras circunstancias, como ya platicamos en el primer capítulo. Las mujeres debemos dejar de observarnos como víctimas de la realidad y, más bien, apropiarnos de ella.

Aquí no somos víctimas

Hay víctimas, sí, de mil injusticias en el mundo: la guerra, la pobreza, la inseguridad, la violencia doméstica, la esclavitud y el abuso, por mencionar algunas. Sin embargo, existe una gran diferencia entre ser víctima y victimizarse. Cuando alguien se victimiza, esto es obra únicamente de sí misma. «En la cabeza de cada persona está el cielo o el infierno», dirían. A la víctima le pasan las cosas; quien no se victimiza hace que las cosas pasen.

«Las mujeres en México tendemos a victimizarnos», afirma Mercedes Palomar. Es cierto, tenemos la tendencia a observar negativamente nuestra vida y, casi como un recurso psicológico de supervivencia, nos vemos como víctimas por todos los sacrificios que hacemos para ser nosotras. Sin embargo, esta idea, al igual que la culpa, no construye, sino que crea una narrativa limitante de lo que eres y no te permite asumir. Victimizarte te desempodera, te presenta con una narrativa débil, quita fuerza sobre tus acciones y te hace esclava de tus circunstancias; además, deja a un lado tu libre albedrío y, por lo tanto, tu poder de decisión. Por eso una líder no puede verse ni asumirse como una víctima.

De hecho, esta actitud nos impide crecer profesionalmente, pues implica pensamientos limitantes sobre nuestro trabajo: nos centramos en una idea que no hace más que desmotivar y encadenarnos. A veces nos victimizamos de manera inconsciente, lo admito. Principalmente cuando nos enredamos en pensamientos negativos y vemos lo malo en todo. Pero esta es una realidad distorsionada. Si identificas que te estás victimizando respecto a tu trabajo o a tu vida personal, tienes que echar mano de tu inteligencia y voluntad, de algún profesional o de tu círculo cercano para moverte de ahí.

> **Algunos tips para dejar de victimizarte**
>
> 1. Suelta la idea de que la vida te debe algo o la fijación de «cómo deberían ser las cosas».
> 2. Reconoce tus sentimientos y emociones y asúmelos como lo que son: sentimientos y emociones.
> 3. Detecta pensamientos destructivos y trabájalos. Lo peor que puedes hacer es dejarlos crecer como una bola de nieve.
> 4. Hazte responsable de tus pensamientos, palabras y acciones.
> 5. Sé amable contigo.
> 6. Sé asertiva.
> 7. Asume.

Una vez que tengas claro que tanto la culpa como la victimización solo sirven para detenernos, en ambas situaciones solamente queda asumir las cosas como son y responsabilizarnos de ellas. Así podremos ver de qué manera somos dueñas de nuestro tiempo y encontrar la manera de usarlo a nuestro favor. Porque la posibilidad de llevar a cabo todos nuestros proyectos no es más que una cuestión de tiempo.

Es una cuestión de tiempo

El tiempo es probablemente un recurso igual o más poderoso que el dinero. Es lo que permite el cambio, el movimiento. Nosotras somos tiempo. Solo existimos una vez en este mundo y eso nos lleva a estar en constante evolución. Por eso, ==el tiempo mismo es probablemente nuestro recurso más vital, puesto que todo a lo que le damos espacio en nuestras vidas, lo implica.== Aprender a manejar nuestro más

EL ARTE ESTÁ EN EL EQUILIBRIO

preciado recurso de manera equilibrada, nos permitirá construir no solo nuestra trayectoria profesional sobre una base sólida, sino también nuestra vida.

==El tiempo es relativo.== Se puede estirar o acortar dependiendo de lo que decidas hacer con él, del número de actividades que emprendas y en función de qué. Es un recurso que puede estar a tu favor o en tu contra, de la manera en que lo determines. Sabia es la frase, «si quieres que algo se haga, pídeselo a una persona ocupada», pues efectivamente, la gente ocupada encuentra el tiempo, no vive esclava de él. Lo he vivido en carne propia: entre más cosas hago, más tiempo me da de hacer otras.

> A fin de cuentas, siempre encuentras el espacio para lo que importa.

Ten claro que es casi imposible llegar a una meta si los espacios y los tiempos que le dedicas no son realistas. ¿Cómo? Visualiza las tareas que tienes que hacer, los objetivos a cumplir. Luego proyéctalos en meses, semanas y días, incluso horas, siendo lo más específica posible. Con esto no solo me refiero a aspectos laborales o de tu proyecto profesional, sino también las demás áreas de tu vida.

Tienes que ser consciente, puntual y específica. ¡Porque tu vida no puede ser el trabajo solamente! Tienes otros pilares, los cuales te ayudarán a nutrir tu desempeño y satisfacción, por ejemplo: tu familia, tus amigos, tu pareja, tu salud, el sueño. Contempla lo que le quieres dedicar a esos aspectos y sé consciente de una cosa: ==la organización es clave.== Te sugiero tenerlo todo marcado de alguna manera. Constantemente digo: «Lo que no está en mi agenda, no va a pasar». Así que marco qué quiero hacer, cuándo, y por cuánto tiempo. Si no hiciera esto, ¡no podría bloquear los espacios con mis hijos!

Y si lo que necesitas para lograrlo es ponerte de acuerdo con otras personas, llámalas, escríbeles, convoca una junta. La comunicación es esencial para establecer los tiempos que involucran a otros, aun cuando se trate de una proyección a dos semanas o un mes (a veces, así tiene que ser).

==Ten en mente: ¿a qué estás dispuesta?== Tendrás que hacer sacrificios. Por ejemplo, si quieres conseguir un trabajo alterno o quieres lanzar un producto, pero tienes un trabajo establecido con una agenda de lunes a viernes, de nueve a cinco, lo más probable es que en esas horas no puedas avanzar en ese proyecto personal. Para trabajar en las tardes y noches o fines de semana, quizá tengas que dejar de salir con tus amigas por un tiempo. En mi caso, para realizar este libro tuve que sacrificar espacios de mi trabajo, de convivencia con mis amigas, e incluso, de estar con mis hijos. Pero valió la pena. Hay sacrificios que pesan, pero mientras sean sostenibles por el tiempo necesario y no se vuelvan algo permanente (a menos de que estés consciente y dispuesta a ello), a veces son necesarios.

Algunos tips para optimizar el tiempo en la oficina

- **Tus horas en la oficina no pueden estar determinadas por tu correo electrónico.** Alcanzar tus objetivos requiere estructurar estrategias y llevarlas a cabo. Si estás sobrecargada de pendientes y no sabes ni por dónde empezar, me han recomendado al inicio del día tomar una hoja, dividirla en cuatro y distribuir los pendientes (debería ocuparte cinco minutos o menos) del siguiente modo: pendientes urgentes (que se tienen que resolver YA), pendientes importantes (los debes atender, pero no son para hoy ni mañana), *mails* (ni modo, son parte de la vida laboral contemporánea, pero puedes acotar el tiempo que ocupan) y si queda tiempo... (se tiene que hacer, pero no es prioridad). A partir de esta hoja, haz un cronograma con horarios (hay quienes dicen que cuando le pones un límite de tiempo a la actividad, te impulsas a cumplirla en ese periodo), y arranca tu día según ese plan. Si tenías algo previamente agendado (una junta, por ejemplo), acomódate en torno a ello. No siempre llegarás a resolver lo del recuadro de «si queda tiempo», pero te asegurarás de cumplir con las prioridades.

- **Define la importancia de lo que tienes que trabajar a partir de tus KPI.** Los KPI (Key Performance Indicator, por sus siglas en inglés) son un indicador clave de desempeño y rendimiento. El valor del indicador está directamente relacionado con un objetivo fijado previamente. Su propósito es conducir tu comportamiento para alcanzar el objetivo y por lo tanto ayudarte a priorizar tus actividades profesionales. Normalmente los asigna la empresa, pero si trabajas por tu cuenta o tu empresa no los ha definido, te invito a intentarlo. Hay mucha literatura al respecto en internet.
- **No pierdas demasiado el tiempo «comentando el punto» con los compañeros.** Hay que ser cordiales pero no hay que abusar del «chacoteo».
- **Aprende a decir que no** a todo aquello que no construya tu proyecto o donde no tengas nada que aportar ni aprender.

Ahora, ¿qué herramientas tecnológicas te recomendaría utilizar para ayudarte en aspectos de productividad y equilibrio?

- **Sácale jugo a tu agenda y calendario virtual** (ya sea que prefieras Outlook, Google, o el que sea). Explóralo y descubre qué funciones tiene. Encontrarás que te puede ayudar en múltiples aspectos. Por ejemplo, mi agenda de Outlook se refleja en mi celular y tiene a todo mi equipo: la puede ver mi asistente, mis directores, el de comunicación. No tengo nada que esconder, y lo privado lo marco de una forma especial.

- **Crea un Excel donde puedas llevar el control de tus proyectos.** Lo que ya está hecho, lo que está en proceso y lo que ya se terminó. Si te acomoda, también puedes usar interfaces como Trello y compartirlas con tu equipo.
- **Usa la aplicación de tu banco.** No le tengas miedo. Suelen tener interfaces sencillas que te ayudarán a realizar tus pagos y transacciones de una manera más cercana. Yo ya prácticamente no voy al banco, y hago mis movimientos mucho más fácilmente. Si tienes dudas respecto a la seguridad o al funcionamiento, siempre puedes comunicarte con el ejecutivo de tu cuenta para comprender más a detalle.
- **Usa aplicaciones para meditar.** Aunque sea por cinco minutos, puede hacer la diferencia en tu día. Mi favorita es Headspace, pero también hay muchas otras como Zen, Smiling Mind, Meditopia, que te pueden ayudar a crear el hábito.

El manejo de tu tiempo requiere flexibilidad, mucha voluntad (por ejemplo, si no te levantas con tu alarma, probablemente no puedas hacer ejercicio ese día), establecer límites (con los demás y contigo —porque a veces nos queremos comer el mundo—), y saber equilibrar tus síes y tus noes. Visualiza lo que estás dispuesta a aceptar y contempla qué es lo que quieres para tus proyectos y para ti. Recuerda que cada vez que dices «sí» a algo que no quieres hacer, le estás diciendo «no» a algo que sí quisieras hacer.

Hay épocas en que habrá muchos proyectos y tendrás que priorizar las cosas. Por ejemplo, antes que ver amigos haz tiempo para ver a tus hijos. Tendrás que evaluar las circunstancias y aprender a reconocer a qué te puedes comprometer y a qué no.

Y sí, siempre habrá quien se ofenda porque no le puedes dedicar tiempo esa semana. ¿Qué hacer con la gente que no entiende o no acepta que no tienes tiempo para dedicarle en ese momento? Nada. Socialmente no estamos educados para aceptar el «no» fácilmente. Es parte del carácter que tenemos, pues nos gusta que se nos atienda. No te van a comprender, mejor ni pierdas tiempo y haz tus cosas. Ya se les pasará. ==No tienes que justificar tus tiempos.==

Por otro lado, si es el caso de una persona que te importa, también es válido negociar. Puede que una situación sea de tu interés, pero que en el momento no tengas el espacio para dedicarle. Es normal. Entonces, enfoca tu respuesta a que sea propositiva: «No puedo ahora. Pero nos podemos ver la próxima semana, tal día».

Cuando evalúes cómo manejar tu tiempo, recuerda algo que ya discutimos: ==no estás sola. Lograr un balance, en gran parte, dependerá de tu red de apoyo.== Recuerda que el «¿en qué te puedo ayudar?», es una comunicación de dos vías. En el trabajo cede tareas a tu equipo. Empodéralos y delega responsabilidades.

En casa, las funciones de cada quien están en constante evolución. Si tienes pareja, involúcrala, dedícale tiempo, disfruta ese tiempo y logra que sea de calidad. Conforme crezcan tus hijos, permíteles asumir responsabilidades en la casa. Después de todo, la familia es la forma más concreta de un equipo. Amanda, desde su experiencia, explica que:

> Para tener equilibrio en el trabajo, necesitamos buscar ante todo el equilibrio en casa. Una gran decisión profesional fue… mi esposo. Somos un matrimonio en el que los dos ingresos cuentan. Somos un equipo y funcionamos como tal. Tenemos, más que un tema de roles, la certeza de que es mejor compartir responsabilidades y complementar nuestro esfuerzo. Eso me ha permitido tener una mejor dinámica, de la cual él también se beneficia. Tener una pareja que me ayude, me motive, me entienda y me impulse, es indispensable para mí.

Por otra parte, también recuerda darte tiempo para ti. Después de todo, ¿qué es un sueño sin su soñador? Necesitas, porque eres humana, agendarte tiempo de ocio. Así como llenamos nuestros días de trabajo, familia y amigos, a veces la mejor manera de usar el tiempo es para relajarnos. Cuando el trabajo es parte fundamental de nuestras vidas, tendemos a excedernos. A no permitirnos descansar, porque tenemos muchas responsabilidades. No está bien que nos sea tan difícil estar tranquilas. Tenemos que reconocer las épocas y nuestros ciclos. Este tiempo es valiosísimo y para nada se pierde, sino que es tiempo de reconstrucción, empezando por enfocarte en tu propia salud corporal y mental.

Mente sana y cuerpo sano

¿Por qué hablo en un libro de emprendimiento profesional sobre enfocarnos en nuestra salud? Porque sin salud no hay nada. Toda energía, creatividad, pensamiento analítico, fuerza, empuje, presencia que muestres, dependerá de ella. «Es un tema de supervivencia», apunta Ana Jimena. «Estar sanas es esencial para ser gente funcional. Entre más salud, más claridad y fortaleza tendrás». Sin salud, todas las posibilidades son igual a cero, porque pierdes vitalidad, paciencia y concentración.

La ley de la vida nos dice que en cualquier momento nos podemos enfermar, incluso las líderes. Pero es difícil que alguien con una salud precaria construya un liderazgo sólido. El no cuidarse quita posibilidades.

En nuestra vida todo es un círculo virtuoso: **te ves bien, te sientes bien, te va bien.**

Ten en mente la construcción de una visión preventiva de la salud. De entrada, para mantenerte sana te propondría que realizaras estudios médicos anuales y que vieras a los especialistas que requieras. Ejercitarte y alimentarte sanamente. Dormir lo suficiente. No esperes a estar mal para preocuparte por tu salud. Siempre elige la vida. Tu vida. Porque, de lo contrario, no podrás construir tu liderazgo y mucho menos sostenerlo.

¿Eres lo que comes?

Hay muchas teorías y propuestas respecto a lo que es una buena alimentación, pero cada cuerpo es un universo. No podemos estandarizar eso. No obstante, sin importar el tipo de alimentación que llevemos, la calidad de nuestros alimentos es lo que más debemos tomar en cuenta. Ana Jimena afirma:

> Es ahí donde radica la diferencia. Los alimentos orgánicos, los que tienen hormonas o pesticidas y los alimentos refinados no son todos lo mismo. Entre más te acerques a la comida real, mejor. Lo otro es tener conciencia al alimentarse: entender cómo tu cuerpo está respondiendo ante las cosas. La alimentación es personal y tú tienes que saber cómo tu cuerpo recibe lo que estás consumiendo. Busca siempre el equilibrio.

Procura que tus alimentos sean orgánicos y libres de pesticidas. Si te es difícil conseguirlos, consume alimentos de tu mercado local, evita lo empaquetado en la medida de lo posible. Aprende a limpiar bien la comida. Piensa siempre en cómo procesará tu cuerpo lo que ingieres.

Gran parte de lo que afecta a nuestra salud implica nuestra toma de decisiones diarias. Desde lo que comemos, hasta cómo nos movemos. Los hábitos que aprendemos construyen nuestro día a día y tienen sus beneficios y riesgos en nuestra vida. Hablemos de ellos y cómo podemos utilizarlos a nuestro favor.

Construir (y derribar) hábitos

Hablamos anteriormente del círculo virtuoso de «te ves bien, te sientes bien, te va bien». Gran parte de la conformación de este círculo dependerá de nuestros buenos hábitos, pues las decisiones correctas que tomemos día tras día nos permitirán construir la visión que tenemos de nuestra vida y nuestros proyectos.

Ahora bien, cuando hablamos de hábitos, buenos y malos, debemos tener claros nuestros objetivos (a corto y a largo plazo), pues de eso dependerá en gran medida nuestra toma de decisiones y nuestra voluntad. «Hay que crear dinámicas positivas», afirma Ana Jimena. «Cuando logras tener una rutina saludable, ves que te empiezas a sentir mejor. Y esa mejoría te impulsa a mejorar también en otras áreas».

Así que, ¿qué quieres cambiar? Antes que nada, tienes que empezar identificando tus malos hábitos. Todo aquello que sientes que te frena o perjudica, lo cual tiene que depender meramente de tu perspectiva (no de los demás). A final de cuentas, de ti partirá la voluntad de hacer el cambio. Por ejemplo, uno de mis malos hábitos es poner «postergar» a la alarma de mi despertador. Esos minutos adicionales de sueño son de lo más antojadizos, pero estoy en el proceso de mejorarlo (lo prometo).

He escuchado varias veces que se necesitan 20 días para crear un hábito y hay teorías que tanto lo aprueban como lo refutan. Yo no soy ninguna experta en el tema, pero sé que para construir un hábito necesitas disciplina, voluntad y constancia. Al principio, ya sean veinte días, una semana, seis meses, siempre cuesta iniciar, sobre todo porque el cuerpo toma tiempo en adaptarse. Pero tener una motivación moral respecto al hábito que quieres formar es un gran impulso. Hazte preguntas como: «¿Por qué quiero levantarme diario a hacer ejercicio? Para estar sana». Recuérdatelo todo el tiempo para lograrlo.

Es normal sentir miedo de cambiar nuestras rutinas, por el simple hecho de que nos dan seguridad. Siempre que quieras hacer un cambio, habrá un punto de resistencia, de quiebre, donde requerirás mucha voluntad. «La primera semana estarás pensando: "¿Qué hice?"», ejemplifica Ana Jimena. «La segunda: "Ya puedo más". Seguirá siendo un reto, pero uno más plausible que antes. Así, pasas del "no sé si pueda" al "me está gustando"».

==No trates de comerte el mundo a la hora de cambiar tus hábitos. Ten paciencia contigo misma.== Obviamente, queremos cambiar todo lo más rápido posible, pero tener paciencia y darte la oportunidad de ir lento te permitirá alcanzar mejores resultados. Empieza con una cosa, por ejemplo, hacer ejercicio: con que hagas 15 minutos diario, ya es un buen arranque.

Ahora, de mi experiencia, te quiero compartir algunos buenos hábitos que considero fundamentales para mi vida. Tal vez te inspiren un poco.

Hábitos de una Maribel efectiva

1. **Horas de sueño.** Tengo que dormir mínimo de cinco a seis horas diario, porque si no me pongo triste y no funciono. La falta de descanso me hace perder efectividad. Hay que dormir para tener claridad. Si no duermo confundo necesidades, como dice mi amigo Israel Hurtado. Ya no sé si tengo sueño, hambre, ansiedad o estoy triste. En breve tocaremos este tema más a detalle.

2. **Vitaminas y suplementos.** Sin importar la edad, sirven para mil cosas. Te recomiendo consultar a un especialista antes de iniciar un régimen de vitaminas y suplementos. Yo tomo todos los días en ayunas, al despertar: probióticos (para la digestión), complejo B (para tener más energía), vitamina C (para evitar la gripe), vitamina D (para fortalecer el sistema inmunológico), extracto de arándano (para combatir las

infecciones en las vías urinarias) y, por último, glucosamina para fortalecer las articulaciones y evitar dolor en las rodillas. ¡Qué espanto, parezco una persona muy mayor con tanta cosa que tomo a diario! Pero bueno, como dijimos: la clave está en la prevención.

3. **Mucha agua.** Nosotras somos agua o, como lo bien describe un meme en internet: «Somos prácticamente un pepino con consciencia». Necesitamos hidratarnos para que nuestros órganos funcionen bien (desde el cerebro, el intestino, el riñón, hasta nuestra piel). Para mí es vital, porque es mi principal recurso para evitar dolores de cabeza.

4. **Organización diaria.** Agendar, programar todo. Las reuniones, el tiempo con los hijos, hasta el tiempo después de reuniones para preguntas y cuestionamientos. La organización diaria, en una agenda ya programada, permite que las prioridades estén marcadas. Si no bloqueara los espacios con mis hijos o con mi pareja, por ejemplo, no podría verlos. Hay un dicho: «Donde está tu tiempo, está tu corazón». Si no buscamos priorizar nuestros espacios, es más probable que tendamos al desorden y la insatisfacción.

5. **Listas.** Tengo listas de lo que necesito hacer en la semana, a mediano y largo plazo, sobre temas y eventos importantes. Defino claramente mis pendientes en listas por temas, para que realmente las cosas sucedan. Hacer listas me ayuda a visualizar las cosas que tengo que hacer, sobre todo en los momentos que podrían parecer vacíos, por ejemplo, un viaje en Uber. Esto ayuda a tener seguimiento de mi trabajo y vida personal. Puedes usar una libreta o incluso la aplicación de notas de tu celular.

6. **Meter un tema intelectual al día.** Tu cabeza debe ponerse a trabajar y hacer aquello que mejor sabe hacer: pensar. Una

gran actividad intelectual es leer. En mi caso leer, leer y leer. Es lo que añoro a lo largo del día. Pero también puede ser tomar algún curso, escribir, ver pláticas de TED. ¿Cuál es tu actividad preferida? ¿Será la pintura, la danza, la programación, los artículos científicos, los acertijos? Cuando la encuentres, abócate a ello y aunque sea por 15 minutos, incorpórala a diario.

7. Estar en contacto con la gente que amo. Así como necesito ejercitar mi cerebro, contactarme con la gente que quiero ayuda a tener en mejor funcionamiento mi corazón. La realidad es que WhatsApp es una gran herramienta para ello. Si la jornada está muy cargada y no podré ver a mis hijos más que unos cuantos minutos al llegar a casa, hablo con ellos varias veces en el día, ya sea por mensajes o por teléfono. Con mi pareja he establecido una relación muy práctica. Tanto él como yo estamos bastante ocupados, por lo que establecer horarios en los que hablamos nos ha permitido coordinarnos muy bien. Intento hablar con mis padres por lo menos un día sí y otro no. Toco base con mis hermanos y hermanas periódicamente, y con mis amigas y amigos en la medida de lo posible. Un simple mensaje en WhatsApp de «¿Cómo vas?» dice mucho: le hace saber a la otra persona que está en tus pensamientos. Intento no perderme las cosas importantes y estar cuando atraviesan momentos complicados. No olvidemos que el chat o las llamadas no son ni serán suficientes: hay que encontrar espacios y momentos para vernos cara a cara.

8. Risas. Tengo que reírme en el día. Se puede conseguir estando con amigos, con mi familia, en conversaciones telefónicas, en la dinámica laboral, o en redes sociales con los memes (los cuales amo; en especial la cuenta de Memelas de Orizaba). Soy de risa fácil y eso me gusta de mí.

9. **Pensar.** Busco espacios para reflexionar. Utilizo aplicaciones para meditar. Con frecuencia, lo único que necesitas en la vida es respirar.
10. **Caminar.** Nada como ponerse los audífonos y caminar hacia una cita o compromiso. Camino porque me libera, porque me relaja, porque me da perspectiva.

Además de estos hábitos que intento fomentar a diario para ser más efectiva, me gustaría incluir algunas lecciones que he aprendido y que me ayudan a serlo de una manera más transcendental:

- Tomar decisiones para ser feliz.
- Evitar la procrastinación.
- Aprender a no estar de acuerdo y que eso esté bien.
- Perdonar. A una misma y a los demás. Es un ejercicio de todos los días, solo no nos damos cuenta de que diario perdonamos y nos perdonan.
- Agradecer.
- No engancharme en las cosas. Hay que dejar ir.
- Tener humor. No tomarme tan en serio. Reírme de mí misma.

Ya discutido tanto el tema de los hábitos como el de la organización del tiempo, me gustaría describirte lo que, para mí, sería un día ideal dentro de mi rutina:

- Normalmente mi despertador suena a las 5:35 a. m. Es un día en que despierto después de haber dormido más de cinco horas. Son poquitas, pero me conformo con eso.
- Tomo agua, vitaminas y probióticos.
- Despierto a mis hijos con música, y mientras se levantan me pongo ropa para hacer ejercicio. Los ayudo a vestirse, desa-

yunamos, empacamos las mochilas, me peleo con ellos para que se laven los dientes y los dejo en la parada del camión a las 6:45.
- Me voy a hacer ejercicio durante una hora. Generalmente bici estática, con música y rutinas que me hacen muy feliz.
- Me baño y me arreglo.
- Entre las 8:30 y las 9 salgo a trabajar. Hay veces que empiezo con eventos, reuniones, desayunos, entrevistas, participación en foros. Mi agenda laboral es muy diversa, por la naturaleza de mi trabajo. En lo personal, me gusta estar en la oficina y el trabajo de escritorio, contestar correos, atender pendientes, organizar mi agenda. Desafortunadamente, a veces es lo último en mi día a día.
- Después, dependiendo del día de la semana, me organizo diferente. Esto tiene que ver con mis hijos: hay días en que paso por ellos a la escuela, como con ellos, tienen actividades a las cuales los llevo, los acompaño y trabajo en la computadora (aunque hay veces en que tengo que regresar a la oficina y atender alguna reunión).
- Regresando a la casa los ayudo a hacer su tarea. Se meten a bañar. Ven un poco la tele, cenan y se acuestan.
- Si hay algún evento, cena o reunión, hago todo eso con los niños y después tengo una segunda o tercera jornada de trabajo, pero es raro. Por otro lado, a veces hay trabajo pendiente, entonces en la noche respondo correos.
- Leo antes de dormir, siempre, aunque sean 5 minutos.
- Aproximadamente me voy a dormir entre las once de la noche y la una de la mañana.

Este es un día efectivo. Un día que incluye estar con mis hijos, a veces estar con mi pareja, sacar chamba, leer y estar con mi gente querida. Busco además siempre estar en contacto con mi familia y amistades, como ya mencioné. Aunque sea por mensaje, para estar al pendiente de su vida, al menos de manera general.

En cuestiones de cómo percibo una semana, esta debe tener:

- De lunes a viernes:
  - Niños.
  - Tiempo con mi pareja.
  - Trabajo.
  - Ejercicio (al menos cinco veces a la semana).
  - Familia: papás, hermanos, primos, tíos.
  - Lecturas.
  - Amigos.
  - Terapia. Me ayuda a controlar los demonios, a tener claridad, a la toma de decisiones.
- En fin de semana:
  - Salir de la rutina, de la ciudad, conocer nuevos lugares.
  - Hacer ejercicio al aire libre (por ejemplo, ir a Reforma con mis hijos en bicicleta o hacer bicicleta de montaña).

De todos los hábitos que hemos discutido, hay dos que considero fundamentales para mi productividad en todo sentido, por lo que haré especial énfasis en ellos: hacer ejercicio y dormir. Hablemos primero de la actividad física.

¡A moverse!

Como ya dije, busco incluir al menos cinco días de la semana algo de ejercicio en mi rutina. Muchas veces no nos damos cuenta de la importancia del equilibrio y la relación entre el cuerpo y la mente. Es fundamental mantenernos activas para ser eficientes. «La actividad genera energía y esa es lo que hace que todo funcione», explica Ana Jimena. «Es la gasolina. En cuanto lo paras, paras todo lo demás».

Hacer ejercicio permite que tengamos un mejor desempeño laboral. Un día de ejercicio es diferente a un día sin él:

EL ARTE ESTÁ EN EL EQUILIBRIO

1. **Generas endorfinas.** Que te permiten sentirte mejor.
2. **Te da foco.** Quita turbulencia y ruido mental. Por ejemplo, cuando hago *spinning* llego a tomar muchas decisiones sobre la bicicleta, me da claridad sobre lo que tengo que hacer en el día y en la semana.
3. **Hacer ejercicio físico también implica ejercicio mental.** El romper los límites en algo físico te permite romper los límites en el día a día.

Ahora, cuando el trabajo ocupa una gran parte de tu tiempo, es posible que te preguntes, ¿en qué momento haré ejercicio? Ana Jimena te regresa una pregunta: «¿Qué haces las 23 horas restantes que no estás haciendo ejercicio?». Después de todo, el día tiene 24 horas, como ya hablamos: tenemos que ser eficientes en el manejo de nuestro tiempo. Si tienes una hora, busca hacer ejercicios integrales.

Si tienes Instragram, te recomendaría seguir estas cuentas para que además tengas un poco de inspiración:

- **Nutribalancemx:** es la cuenta de mi hermana, Fernanda Quiroga, que es nutrióloga y da tips todos los días sobre recetas saludables, compras inteligentes en el supermercado y consejos para una alimentación sana y balanceada.
- **Sascha Fitness:** ella es una coach y entrenadora, que con estudios en nutrición ha dedicado su vida a motivar a la gente a buscar un estilo de vida más sano. Tiene dos libros *Los secretos de @SaschaFitness Fitness* y *Las recetas de Sascha Fitness*.
- **Mi doctor funcional:** el Dr. Sergio Hernández se especializa en instruir a través de sus redes sobre la medicina funcional, preventiva y antienvejecimiento.
- **Nutandreavillazon:** Andrea Villazón es especialista en nutrición clínica y su cuenta es una guía completa sobre este tema, que incluye múltiples recetas.
- **Pamelaberrondo:** la cuenta de Pamela Redondo tiene múltiples recetas y recomendaciones alrededor de la nutrición y la medicina funcional.

Otra cuestión que también deberías contemplar es identificar tus momentos idóneos. Hay gente que prefiere hacer ejercicio en la mañana, como yo, incluso me da energía y me despierta. También existen personas que prefieren ejercitarse en la tarde, para relajarse tras una larga jornada y poder descansar después. Encuentra tu momento ideal y descubrirás que, con un poco de consistencia, lograrás incorporar el ejercicio a tu rutina diaria.

Ahora, como con el yin y el yang, toda actividad requiere un descanso. Así que una vez discutida la importancia del ejercicio, tenemos que hablar de lo vital que es dormir bien.

Un buen descanso impulsa sueños

Los expertos nos recomiendan dormir ocho horas por noche. Es lo ideal. Suena complicado, pero se puede lograr. Lo sé, es difícil creerlo después de leer mi rutina, pero esto es porque en realidad con eso me basta para ser productiva durante el día y, para mí, no son negociables. Es decir, duermo de cinco a seis horas sí o sí. Claro, cuando logro dormir ocho horas, los fines de semana y días libres, es lo más delicioso.

Dormir es la recarga de nuestra batería vital. Es donde las neuronas se conectan y todo el cuerpo procesa la carga del día. ==Procurar nuestro descanso hoy implica un mejor mañana.== Eso te lo aseguro completamente. Es importante para el desarrollo de tus proyectos que cuides bien de este tiempo. Estar cansada te hace perder objetividad, estar más sensible y dejar de ver las cosas con claridad.

«En la noche es cuando el cuerpo procesa absolutamente todo», afirma Ana Jimena. «Es cuando las células se regeneran, cuando tu cuerpo tiene la mayor actividad, y si no dejas que tu cuerpo tenga ese momento de trabajo, nunca lo va a tener». Lo que dicen los expertos del sueño es que las horas que le llegas a robar a una noche no se reponen en otra noche posterior.

EL ARTE ESTÁ EN EL EQUILIBRIO

Cada cuerpo es diferente y depende de su etapa de vida. Hay gente que necesita diez horas, otras que con seis se manejan de lujo. Como dice Ana Jimena: lo importante es ajustar tu reloj biológico a rutinas positivas. ¿En qué consiste esto? Nuestro reloj biológico controla nuestros ritmos y cambios. Conforme más nos conozcamos e identifiquemos cómo cambia nuestro cuerpo a lo largo del día, semana o mes, mayor control tendremos sobre él. ==Es recomendable que acostumbres a tu cuerpo a dormirte y despertarte a cierta hora==, para que, como un hábito, tu cuerpo mismo se levante con naturalidad. Por ejemplo, si empezamos a despertarnos a las cinco y dormirnos a las once a diario, nuestro cuerpo poco a poco se acostumbrará.

En todo esto, debes respetar los ciclos de tu sueño. Procura no volverte a dormir cuando suena tu despertador, porque así entras en otro ciclo de sueño que, al ser interrumpido, poco después golpeará en tu desempeño de manera más drástica que si te hubieras despertado con la primera alarma. Por esto mismo digo que uno de mis malos hábitos, y lo reconozco, es ponerle «postergar» a mi despertador.

Existen aplicaciones que te ayudan a levantarte a la mejor hora con relación a tu alarma y tu ciclo de sueño, como Sleepcycle, que analiza tu sueño y te despierta al mejor momento para que te sientas descansada, lo único que tienes que hacer es programar un rango de horario en el que quieras levantarte. Te recomiendo echarle un ojo.

Ahora, es normal que haya noches donde simplemente no puedas dormir. El estrés es una de las causas principales de esto. Normalmente, como apunta Ana Jimena, dormir es problema de tu día, no de tu noche. Por eso ella tiene una resolución sencilla: «Los problemas suelen ser más negros en la noche, más grandes. Es mejor esperar a la mañana y reconsiderarlo. La gravedad suele disminuir».

El ejercicio de la meditación puede ayudarte a atender esta situación, ya que te permite observar tus pensamientos como lo que son: ideas abstractas, nubes. Respira lento, cuenta tus inhalaciones y exhalaciones. Inhala por cuatro segundos, exhala seis. Te juro que si te concentras en esto, finalmente te dormirás; al menos contar respiraciones es más entretenido que contar ovejas, y más mecánico.

Sin embargo, además del estrés, hay otros factores que también influyen en la falta de sueño, como la cafeína y el ejercicio, o hasta las pantallas. Por ello, para antes de dormir, te recomendaría:

- Tomar una infusión que te ayude a relajarte. Evita los tés con teína, pues es un elemento que te despierta. Sueles encontrarla en tés verdes, incluido el matcha, tés negros y tés con especias, como el chai.
- Evita el café o cualquier bebida con cafeína.
- Si haces ejercicio por la noche, procura realizarlo varias horas antes de tu hora de dormir. De lo contrario, irás a la cama con una sobrecarga de energía.
- Aléjate de las pantallas antes de ir a la cama. Televisión, computadora, celular. La luz que emiten hace que tu cerebro se active y te cueste más trabajo dormir. Un rato antes de acostarte, procura alejarte de cualquier tipo de pantalla para que tu sistema se relaje.
  - Hay gente que dice que debes dejar tu celular en otro cuarto, lo cual es también muy aconsejable. Si te cuesta mucho trabajo hacer esto, mínimo ponlo en modo nocturno para que las notificaciones no te estén molestando.
  - Si el celular te genera ansiedad, te recomendaría tomarte el reto de hacer una «desintoxicación» digital y reducir los tiempos que lo utilizas. Limítalo para lo esencial (que dependerá de tu estilo de vida, claro). En muchos celulares, actualmente hay formas de ver el tiempo que pasas en una aplicación. Te recomiendo echarle un ojo a eso.
- Lee antes de dormir. Es un gran relajante y liberador de pensamientos.

Un buen sueño es uno de los hábitos fundamentales para llevar nuestros días de la mejor manera. Cuídalo y foméntalo como se merece para que te sientas y veas bien, lo que definitivamente se verá reflejado en tu trabajo.

EL ARTE ESTÁ EN EL EQUILIBRIO

Como podrás observar, el manejo de nuestro tiempo, desde el día a día hasta lo que esperamos del futuro, es uno de los grandes pilares de nuestro desempeño. Conforme vayas llevando a cabo tus objetivos irás contemplando resultados, así como nuevas fronteras y retos por cumplir. Y como en todo, habrá momentos de fracaso, sea en cuestiones personales o profesionales, pero lo importante es la manera en que aprendes a trabajar con esto y levantarte.

EN RESUMEN

- ▲ El éxito es querer lo que tienes y que te hace feliz, lo que te hace sentir plena.
- ▲ Entender la manera de mantener un equilibrio entre lo personal y profesional nos permitirá cultivar el éxito en ambos rubros.
- ▲ Con todo y culpa, debemos trabajar para alcanzar nuestros objetivos. No podemos dejar que nos paralice. Asumamos las cosas como vienen y como queremos que sean.
- ▲ Haz a un lado cualquier rol de víctima. No dejes que una narrativa negativa te marque y tome el control sobre la situación.
- ▲ El tiempo es uno de tus mayores recursos, aprende a usarlo a tu favor.
- ▲ Ten claros tus objetivos y sus tiempos, márcalos de una manera concreta en tu agenda. Sé realista al programarte.
- ▲ Prioriza lo que quieres según el tiempo que dedicas a ello. Recuerda que cada vez que dices «sí» a algo que no quieres hacer, le estás diciendo «no» a algo que sí quisieras hacer.
- ▲ Identifica tus buenos y malos hábitos. Trabaja en una mejor versión de ti.
- ▲ Cuida tu salud. Tu fuerza y empuje profesional y personal dependen de ello.
- ▲ Mantenerte en movimiento y hacer ejercicio le dará un mejor rendimiento a tu día.
- ▲ Las horas de sueño son la recarga de tu batería. ¡Cuídalas y busca que sean de calidad!

CAPÍTULO 9

Si te dolió, úsalo

Es difícil, en cualquier escenario, hablar de nuestros errores: las veces en que hemos fracasado y no pudimos ver el camino correcto. Anteriormente hemos hablado del éxito, de alcanzar nuestros objetivos, de buscar con diferentes fundamentos nuestros sueños. Pero ¿qué pasa cuando no se alcanza aquello que tanto buscamos?

La primera vez que escuché hablar sobre las Fuck-Up Nights fue en 2016, cuando, en el marco de la presentación de la Cerveza Dual, la coordinadora de medios de la Embajada de Alemania en México nos planteó la idea de realizar un evento cervecero con ese formato.

Las Fuck-Up Nights son un movimiento que nació en México, pero que actualmente tienen un alcance global. En ellas la gente comparte sus historias de fracaso en los negocios en un espacio de siete minutos. Sí: en esos pocos minutos una debe abrir su historia ante un público determinado y mostrar las vulnerabilidades de su propia carrera profesional. ¿Qué duro, no?

El caso es que para hacer mi presentación (que fue en inglés, frente a un auditorio de más de cien alemanes de entre 25 y 50 años, lo cual le agregó otro nivel de dificultad y nerviosismo), tuve que recurrir a aquellos momentos en mi vida en los que yo consideraba haber fracasado. Momentos personales, por supuesto; también profesionales. Y lo que caracteriza a todos esos hechos (que ahora son recuerdos) es que, si bien me dejaron dolores profundos en su momento, con el paso de los años se han convertido en enseñanzas y en un estado de conciencia que hoy me permite ver con suficiente claridad en qué me he equivocado.

A final de cuentas, cuando alguien se expone de esa manera, todos aprendemos. Y es por esas enseñanzas que deja el fracaso (por las cicatrices en el alma, como diría mi amiga María Luisa Álvarez), que quiero hacer referencia en este capítulo a aquellas circunstancias de la vida en que las cosas no salen como queremos. Comprender que ==el fracaso es parte del emprendimiento profesional (y de la vida),== así como de qué forma debemos sobrellevar esas situaciones para aprender y volver a intentar nuevos proyectos. Esto es fundamental para nuestro desarrollo profesional.

El fracaso como primer paso para el éxito

==El fracaso es un paso más para alcanzar tus metas.== Imaginemos que detectas tu pasión, la ejecutas, le pones un tiempo determinado, la vendes... en algún momento del proceso, te aseguro que a veces de forma menor y otras a gran escala, fracasarás. «Es imposible vivir sin fallar, a menos que vivamos con tanta cautela que no vivamos en absoluto. Y, en ese caso, hemos fallado por default», afirma J. K. Rowling, la escritora de *Harry Potter*, quien mandó el manuscrito de su libro al menos a doce editoriales y fracasó en convencerlas hasta que encontró la editorial correcta.

Muchas veces, por el mismo miedo al fracaso, no emprendemos un proyecto, dejamos a un lado nuestros sueños, o simplemente le ponemos pausa a nuestro desarrollo profesional. Algunas personas llegan a disfrazar este miedo detrás de una máscara de perfeccionismo, y por no saber cómo hacer las cosas al 100 por ciento, prefieren no realizarlas. Por ejemplo, el escritor que jamás publica un libro; la persona que se informa de mil maneras de cómo crear un negocio, pero nunca lo hace; la gimnasta que, por no realizar la acrobacia completa, no compite. Todos ellos, de cierta manera, han permitido que su miedo al fracaso los lleve, irónicamente, a fracasar rotundamente. Por no intentar. Simplemente se están autoboicoteando. Sin embargo, es mucho mejor entregar ochos constantes, a un diez cada mil años.

Otra cara de este perfeccionismo paralizante es la procrastinación, con la que creamos excusas y justificaciones para no realizar aquello que queremos emprender: «No tengo tiempo», «Mi trabajo me impide concentrarme en otras cosas». No obstante, como ya vimos en el capítulo anterior, si nos sabemos organizar y dar tiempo a lo que queremos, lo podemos lograr. Pero si nos llenamos de excusas y nos permitimos dejar de hacer las cosas porque no podemos concentrarnos, o engrandecemos las crisis, jamás llegaremos a ningún lado.

Este miedo al fracaso paraliza, te impide alcanzar tu potencial, y ==no hay nada peor que la falta de movimiento, pues no permite el cambio.== Está bien tener rutinas, pero no aferrarte a ellas. Hay que empujar las cosas para que salgan.

«El éxito es tambalearse de fracaso en fracaso sin perder el entusiasmo», decía Winston Churchill.

Si hay algo que todos compartimos en la vida es el fracaso. De acuerdo a datos del Instituto del Fracaso, ocho de cada diez empresas mexicanas fracasan en sus primeros dos años. «Existen muchas más historias de fracaso que de éxito», afirma Leticia Gasca, directora global de Shaping the Future of Work y cofundadora de Fuck-Up Nights. No todo mundo logra salir de ello y mucho menos fortalecido.

«Las personas más exitosas no lo fueron en el primer intento», afirma Leticia. «Eso las ayudó a ser personas más resilientes. Por ejemplo, la historia de Jack Ma, el fundador de Alibaba, que actualmente es el hombre más rico de China. Es una persona que viene de una familia de bajos recursos, pero que siempre tuvo esa chispa emprendedora. Empezó dando tours gratis a los turistas. Aplicó a Harvard diez veces y en ninguna fue admitido. Intentó un montón de negocios que nunca funcionaron. Creó Alibaba después de que fue a los Estados Unidos, conoció el internet y se dio cuenta de que si buscaba cosas relacionadas con China, no encontraba nada. Así que decidió llevar el internet a China y China al internet».

==La parte fundamental del fracaso es no perder el aliento ni la motivación cuando te enfrentas a los problemas y las dificultades.== Lo mejor es siempre darles la vuelta y levantarnos sin importar lo que pase. Quien no sabe hacerlo, no la va a armar.

> Cuando fracasas aprendes.
> He ahí el valor de la experiencia.

El fracaso es un proceso o situación que suele ocurrir en soledad. ¿Por qué? Porque no solemos hablarle al mundo de nuestras equivocaciones. Y es un gran error, pues a través de nuestros fracasos nos transformamos y tenemos la capacidad de reevaluar nuestros proyectos y el futuro. Lo que aprendemos cuando estamos en el fondo del abismo es de un valor incalculable, ya que resulta de un trabajo reflexivo y personal. Nuestro ego sufre un golpe durísimo (para mal y para bien). Aprendida la lección, se tiene que compartir.

Ahora bien, si la pregunta «¿Por qué fracasan los emprendedores?» te hace eco en la cabeza, estos son algunos puntos que Leticia enmarca como ==las principales causas del fracaso:==

1. ==La mala planeación financiera:== ¿cómo se sostendrá financieramente tu negocio? «Si no estás llevando una contabilidad real de tu emprendimiento, lo estás condenando al fracaso», dice Leticia.

2. **La mala planeación estratégica:** el no saber validar una idea de negocios, ni tener un plan detallado de expansión, comercialización, promoción, etcétera.

«La buena noticia es que ambas causas son completamente prevenibles, con mejor educación para emprendedores y aprendiendo a aliarnos con personas que tienen poderes diferentes a los nuestros», subraya. «Si no tienes estas dos patas, es casi seguro que tu negocio va a fracasar».

La misma Leticia vivó en carne propia estos errores cuando intentó consolidar un negocio para apoyar una comunidad rural de la Sierra Madre de Puebla: «Fue bastante duro. Aunque ahora atribuyo ese fracaso a una mala planeación financiera, que era mi responsabilidad junto con uno de mis socios, y al hecho de que no sabíamos vender».

Básicamente, y más en el mundo actual, solo nos queda adaptarnos o morir. Y, ¿qué hacer ante el fracaso? Tenemos que aprender a reconocerlo y luego, fracasar conscientemente.

Fracasar con conciencia

El «fracaso consciente» es un concepto que viene directamente de la mano de Leticia, el cual comprendió después de visitar Silicon Valley, donde vio sesiones empresariales que giraban alrededor del concepto del *fail fast* (fracasa rápido). La frase completa es *«fail fast, fail often»* (fracasa rápido, fracasa seguido), y se ha vuelto un mantra entre este tipo de emprendedores. Se basa en la idea de actuar ahora y pensar después, de acelerar el proceso de fracaso y evitar cualquier pérdida de tiempo cuando un negocio no funciona. Básicamente, quitar las vendas de la herida ya. Pero, ¿qué pasa cuando la herida es profunda y no se da el tiempo correcto de sanar? Permanece abierta e incluso, puede empeorar. Minimiza las consecuencias del fracaso de un negocio.

«En lugar de buscar un fracaso rápido, la manera más indicada de fracasar bien es hacerlo conscientemente», explica Leticia.

«Poniendo atención a lo que sucede en tu equipo, en ti misma, a lo largo de todo el proceso, con consciencia absoluta del impacto que esto tendrá en las vidas de todos. Cuando se cierra un negocio, poco se habla del impacto que tendrá sobre los que se quedan sin empleo, por ejemplo. Hay que estar conscientes de ello». Fracasar conscientemente implica comprender esos impactos y las consecuencias que tendrá el cierre de un negocio, englobar los principales aprendizajes de ese fracaso y hacernos responsables de ello, para luego compartir estas experiencias con los demás.

Sin embargo, para fracasar conscientemente primero debes saber que fracasaste. ¿Tiene lógica, no? Sí y no, porque muchas veces no sabemos reconocer el punto de quiebre y nos entercamos en tratar de salvar algo que ya está muerto, como cuando riegas una planta ahogada. Por eso debemos preguntarnos: ¿estoy siendo persistente o simplemente terca?

¿Persistencia o terquedad?

«Locura es hacer la misma cosa una y otra vez esperando obtener diferentes resultados», decía Albert Einstein. Algo debe saber, considerando que fue uno de los científicos más reconocidos del siglo XX.

Hasta hace unos años, mi manera de encarar el fracaso fue dándome «atole con el dedo». Me justificaba, lo cual implicaba que las cosas no dependían de mí, sino de las circunstancias y de los demás. Por otro lado, de manera inconsciente, fui severa jueza de mí misma y mis acciones. De pronto me di cuenta de que fracaso que no se supera, se repite.

Si la vida te enseña una lección y la ignoras, llegas al mismo resultado.

A veces cometemos los mismos errores por miedo a aceptar que hay otro camino. Digamos que quieres hacer un pastel, pero lo haces una y otra vez de la misma manera y te sigue quedando mal. ¡Cambia la receta, los ingredientes, la temperatura del horno! No te cierres. Llora todo lo que quieras si es que tienes ganas de hacerlo, pero después levántate y haz lo posible para no volver a llorar por el mismo motivo. Si no identificas en qué te equivocaste y lo superas, lo repetirás. Lo cual es una verdadera locura. ¿Cuántas veces hacemos lo mismo esperando resultados distintos? ¿Por qué somos así de tercas?

A veces un buen guía o mentor te podrá ayudar a reconocer esto. Pero no siempre es fácil hacerlo. Nos encerramos en la idea de que tal vez, si insistimos, lo lograremos. La cuestión es, ¿cómo continúas buscando tus objetivos?

La persona terca es la que espera resultados diferentes, haciendo las mismas acciones, llegando a resultados equivocados. La perseverante es aquella que busca un objetivo a través de diferentes aproximaciones; puede que no siempre sean exitosas, pero el camino es seguir buscando.

En términos de negocios, ¿cómo sabes si puedes salvar tu emprendimiento o dejarlo ir? Depende del motivo: «Si el negocio está mal por un tema de liderazgo o falta de motivación de sus líderes, se puede rescatar al cambiar la mentalidad de los jefes o incluso sustituir a las personas que tienen esas posiciones», dice Leticia. «Si el negocio no está funcionando porque el mercado no quiere ese producto o servicio, lo mejor es cerrarlo».

Sí, es frustrante. Pero lo importante es comprender qué está pasando con la manera en que trabajamos y explorar todo lo referente a ello para identificar nuestros errores y aprender. Entonces, es momento de seguir avanzando.

Manejar la frustración y salir adelante

Muy bien, ya fracasaste. Ahora, ¿qué harás con ese fracaso? Lo que he aprendido es que primero tienes que enojarte y vivir el duelo. No hay atajos en el proceso. Tienes que sentir cuanto sea necesario para llegar a la aceptación y la superación. Leticia explica que:

> Cuando un proyecto fracasa, es similar a la pérdida de un ser querido. Vas a pasar por un duelo: una etapa de negación, de rabia, de querer culpar al universo por lo que ocurre, depresión... hasta que llegas a la aceptación; cuando llegas ahí puedes hacer un recuento de los daños, tener más perspectiva, recordar lo que sucedió y aceptar tu responsabilidad.

El punto más importante de esta curva de aprendizaje es llegar a decir: «¿Qué aprendí?» y «¿Cómo voy a hacerlo diferente ahora?». Tienes que seguir adelante, aunque no se puede hacer de un día al otro. Primero hay que ajustar las circunstancias y reevaluarlas. «Se necesita un esfuerzo de introspección serio. Es decir: aislarte un rato con lápiz y papel o con tu computadora a escribir, y que quede por escrito lo que sucedió y lo que aprendiste», propone Leticia. «Este ejercicio es esencial, pues ayuda a recordarlo. Cuando menos cada año deberías releerlo para pensar en lo que pasó y lo que obtuviste como aprendizaje».

Ten paciencia contigo misma y con el proceso. Recuerda que, si bien pudiste fracasar, tú no eres ningún fracaso. Esta situación no te define. Al contrario, está en tus manos definirla y reinterpretarla.

Fracasaste, pero tú no eres ese fracaso

Una cosa es saber que fracasamos, eso pasa. Otra muy distinta es considerarnos un fracaso y, todavía más, que los demás nos vean como un fracaso en ciertos aspectos de nuestra vida. No podría haber una

SI TE DOLIÓ, ÚSALO

noción más errónea. Bien dice el título de este apartado: fracasaste, pero no eres ese fracaso (ni ante ti, ni ante quienes te rodean). Y no podría ser más cierto. Somos un todo y siempre trabajaremos por brillar, pero esto, como la vida, incluye altos y bajos, y entre los bajos siempre habrá fallas. Lo importante es la mirada que les pongas.

El tema de sentirnos fracasadas tiene que ver con creencias que interiorizamos y con nuestro propio ego. Darnos cuenta de que no somos perfectas puede sentirse como un golpe bajo. ¡Pero no tenemos que serlo! «Tú te eriges a partir del fracaso. Lo usas como una piedra de construcción. Cierra la puerta al pasado. ==No intentes olvidar tus errores, pero no te pierdas en ellos.== No dejes que se roben tu energía, tu tiempo o tu espacio», decía el cantautor Johnny Cash.

Es un tema doloroso y complicado, y aunque es un trabajo personal que tenemos que realizar todas, siempre será mejor dejar atrás la soledad y vivirlo en compañía. Parte de seguir adelante y superar la situación implica compartir nuestra historia. Hablar de ello es un paso hacia la aceptación.

La importancia de abrirnos

==Hablar de nuestros fracasos no es un tema de desahogo personal, sino de enseñarle al otro lo que aprendiste a través de tus errores.== Contar estas historias implica crecer en comunidad. Si bien «nadie aprende en cabeza ajena», a todas nos sirve compartir nuestras historias. Escuchar diferentes versiones de lo que ocurrió ayuda a tener una visión más comprensible de la realidad y el futuro.

Por ejemplo, si hoy por hoy me preguntaran si he fracasado, sin duda diría que sí. Pasé por algunas crisis en mi vida, empezando por que no sabía qué quería hacer con ella. Al principio quería ser maestra. Luego decidí ser monja (de hecho, sí viví en un monasterio por un año). Después quise ser psicóloga.

Finalmente decidí estudiar Relaciones Internacionales y, sin duda, el estudiar eso y hacerlo en la Universidad Iberoamericana me abrió muchas puertas: desde tener a las amigas que hoy tengo, hasta contactos y enseñanzas. Me permitió estar donde hoy me encuentro. Pero hoy día, cuando me encuentro en una reunión, a veces considero que fracasé respecto a mi preparación profesional, por no ser lo suficientemente técnica: culpemos al síndrome del impostor. Mi labor a lo largo de mi carrera profesional se vincula mucho con temas de gobierno, asuntos públicos, relaciones, comunicación, temas empresariales, financieros y legales. A veces siento que si hubiera sido abogada o economista tendría un conocimiento más técnico y profundo de ciertos temas que creo que entiendo (o que no). Carecer de esa solidez académica o esa formación muchas veces me hace sentir incompleta. Afortunadamente, tuve críticas constructivas y mentoría para revaluar todo esto.

Otro de mis mayores arrepentimientos —que apenas logré romper— fue no dedicarme a escribir. Escribir es una de las cosas que más me gusta hacer, mueve mi alma y es mi pasión. Lo pospuse por mucho tiempo y me sentí como un fracaso conmigo misma, hasta que finalmente tomé la iniciativa de hacerlo. Las cosas siempre pueden tomar rumbo.

Por desgracia, solemos vender una visión únicamente exitosa de nosotras. Y llegamos a fingir que estamos bien por cuestiones de estatus y superficialidad. Pero el hablar de nuestros errores, exponerlos y discutirlos con otras personas permite enriquecernos en comunidad. Aprendemos de nosotras mismas cuando lo hablamos, cuando sometemos nuestra mente a la narración vulnerable de nuestra experiencia, y los demás también.

Puedes comenzar tomándote un café con tus amigas y contándoles lo que te duele sobre la situación. Si eres más valiente, siempre puedes buscar presentarte en una Fuck-Up Night, que recomiendo totalmente. Pero, sobre todo, ==date la oportunidad de mostrarte vulnerable y ejercitar tu vulnerabilidad.== «Mucha gente piensa que si te muestras vulnerable vas a perder credibilidad, respeto y puede que pierdas inversionistas, clientes y que no consigas un trabajo. Es todo lo contrario», explica Leticia.

Si somos honestas, sabemos que nadie es perfecto y cuando nos mostramos vulnerables es más fácil romper el hielo ante nuevos amigos o profundizar con los viejos. Esto, en el mundo laboral, nos ayuda a diferenciar nuestro perfil de otras personas. Por ejemplo, estoy segura de que si en tu CV incluyes una sección de tus fracasos, te va a hacer más atractiva y memorable entre potenciales empleadores, porque verán que eres honesta, te conoces a ti misma y no vas a aparentar ser una persona perfecta.

De hecho, un CV con fracasos es un requisito para participar en una Fuck-Up Night. Constantemente fracasamos, y saber que las cosas no siempre irán como queremos, aceptarlo y corregirlo, requiere mucha humildad y vulnerabilidad. Si no somos humildes, no aceptaremos los hechos, y sin aceptarlos, no podemos evolucionar. Si no nos permitimos ser vulnerables, nunca iremos hacia adelante. El exponernos ante otros de una manera abierta, aparte de enriquecer la conversación sobre el fracaso y dejarnos aprender en comunidad, también tiene otro efecto: nos hace más resilientes, que es una de las mejores cualidades que podemos tener en el mundo profesional y en la vida, en general.

Mexicanas, resilientes

¿Por qué fracasar te hace mejor? Es por un tema de resiliencia, de capacidad para superar las circunstancias dolorosas; adaptarse, superarse. El fracasar te hace más fuerte, asertiva y te da herramientas para construir mejor.

Resiliencia es tener la capacidad de asumir con flexibilidad situaciones límite y sobreponerse a ellas.

> Rosario Linares, en un artículo de su blog de psicología titulado Resiliencia: los 12 hábitos de las personas resilientes, menciona que las personas que practican la resiliencia
>
> 1. Son conscientes de sus potencialidades y limitaciones.
> 2. Son creativas.
> 3. Confían en sus capacidades.
> 4. Asumen las dificultades como una oportunidad para aprender.
> 5. Practican la consciencia plena.
> 6. Ven la vida con objetividad, pero siempre a través de un prisma optimista.
> 7. Se rodean de personas que tienen una actitud positiva.
> 8. No intentan controlar las situaciones.
> 9. Son flexibles ante los cambios.
> 10. Son tenaces en sus propósitos.
> 11. Afrontan la diversidad con humor.
> 12. Buscan la ayuda de los demás y el apoyo social.

La resiliencia funciona como un músculo que, al ejercitarse, crece y se desarrolla. Leticia explica que cuando conoció a Jack Ma y le preguntó cuál era la habilidad más importante para el futuro de la humanidad, él respondió: «Aceptar el cambio». La mejor manera de hacerlo es trabajando en cómo nos adaptamos, y creando una mentalidad resiliente que implique comunicar lo que nos duele y conocernos mejor.

El fracaso se ve muy diferente alrededor del mundo. En países como Japón es un tema tabú que ha llevado a trabajadores y empresarios al suicidio. En Estados Unidos permanece la visión de Sillicon Valley del fracaso rápido. En América Latina, como explica Leticia, estamos a la mitad de la tabla respecto a nuestra cultura del fracaso. Pero en México, «somos increíblemente resilientes. Algo nos pasa, como sociedad, que no nos dejamos caer. Al contrario, la adversidad nos une más y nos levanta». La resiliencia es una de nuestras mejores cualidades. Ni los terremotos ni las tormentas nos han impedido reconstruirnos. Sin embargo, nos falta todavía hablar más sobre el fracaso en sí. Gina Diez Barroso afirma que «El fracaso no es fracaso hasta que dejas de seguir intentando. Que no te salga algo no está mal, al contrario, son intentos para llegar al éxito».

Ahora, en cuestiones de género, a las mujeres nos suele afectar más el fracaso. Muchas veces va de la mano con el síndrome del impostor o con los estereotipos culposos que permanecen entre nosotras. «Para las mujeres puede llegar a ser más complicado que para los hombres animarse a contar su fracaso. Nos costó tanto trabajo llegar al punto de tener un negocio o rol en la empresa, que si las cosas salen mal sentimos que nos va a ir muy en contra, que va a lastimar nuestra reputación», explica Leticia. «Diría que esa percepción que tenemos es falsa. Mostrarnos vulnerables nos hace más fuertes. De cualquier manera, el mundo ya piensa que somos vulnerables. Creo que si contamos nuestros fracasos, tendremos menos que ocultar o de qué preocuparnos. Nos quitamos un peso de encima».

Con todo esto en mente, estos son algunos consejos que me dio Leticia, que te podrían servir para emprender, incluso entendiendo que existe la posibilidad del fracaso:

1. **Ten los ojos abiertos.** Date cuenta de que hay un potencial de fracaso o error lo antes posible. Después, no te quedes callada ni lo ocultes. Tienes que alzar la voz y decir: esto está mal, no funciona.
2. **Identifica, cuando se fracasa, qué fue lo que pasó.**
3. **Haz *postmortems*.** Cuando se cierre un proyecto, júntate con tu equipo a hablar de lo que salió mal, lo que podría ser mejor y déjalo por escrito para el futuro. También puedes hacer *premortems*, que es una práctica poco común, donde

antes de arrancar el proyecto, se junta al equipo para imaginar las cosas que podrían salir mal y generar un plan de acción para atacar todas esas posibles fallas y riesgos.
4. ==Ten un grupo de confianza== que te sirva de red de apoyo en casos de emergencias y crisis.

Recuerda que, si no fracasas, no estás haciendo nada. Entonces, síguete moviendo. A fin de cuentas, es bueno que veamos el fracaso como algo natural. No tenemos por qué ocultarlo. Espero que mis fracasos y tus fracasos sean cultivados desde la pasión y la esperanza, porque entonces siempre habrá hermosas lecciones en ellos.

EN RESUMEN

- ▲ El fracaso es natural e incluso inevitable. Por eso mismo es importante siempre tenerlo en mente cuando emprendemos.

- ▲ Fracasarás mucho antes de conseguir el éxito. No te desmotives y ten paciencia contigo misma.

- ▲ No permitas que el miedo al fracaso te detenga al buscar tus objetivos, sobre todo cuando está disfrazado de perfeccionismo.

- ▲ Si quieres evitar el fracaso, ten una sólida planeación financiera y estratégica o alíate con quien te ayude a tenerla.

- ▲ Si fracasas, hazlo conscientemente, teniendo en cuenta el impacto que tendrá cerrar tu negocio sobre las vidas de todos los involucrados. Siempre encuentra el aprendizaje detrás.

- ▲ Vive el duelo de tu fracaso y después levántate.

- ▲ Fracasar jamás implicará que eres un fracaso. Nunca te definas así.

- ▲ La mejor manera de superar el fracaso es hablándolo. Compartirlo es una gran fuente de aprendizaje.

- ▲ Permítete ser vulnerable. Lograrás fortalecer tu resiliencia y adaptarte.

CONCLUSIÓN

Llegó la hora

Todas las mujeres tenemos talentos diversos y debemos aprovecharlos para construir un mejor futuro con nuestro esfuerzo. El cambio empieza en cuanto decidimos tomar las riendas y ser líderes. Esto no es fácil: implica trabajo, esfuerzo y muchas veces sacrificio, ya que construir un liderazgo implica profundizar en nosotras mismas, identificar nuestras fortalezas y debilidades, desarrollarnos intelectualmente y explorar nuestra vulnerabilidad.

No obstante, si podemos visualizar una yo posible (la mejor versión de nosotras mismas) como un proyecto en construcción, valdrá siempre la pena trabajar en ello. Día a día hay que tomar decisiones y actuar para acercarnos a nuestros objetivos. Debemos buscar una mejor versión de lo que podemos ser, que inspire al resto del mundo.

Como pudimos leer en estas páginas, comprender nuestras circunstancias y buscar tener injerencia sobre ellas nos permite transformarlas. Es por ello que debemos identificar con precisión qué es lo que necesitamos cambiar para llegar a donde queremos, hacer una revisión interna y externa y, principalmente, desafiar las expectativas, yendo más allá de las negativas que podamos encontrar en el camino.

Por otra parte, debemos comprender nuestras emociones y aprender a vivir con el miedo, puesto que jamás se quita, pero no nos puede impedir alcanzar nuestras metas. La claridad la encontraemos cuando le demos nombre y apellido a las emociones, a los sentimientos y a los pensamientos que, de un modo u otro, seguramente compartimos con el resto del mundo. También debemos entender cómo lo que sucede entre la oficina y la casa afecta nuestro desempeño en ambos universos, y entender los conflictos que pueden surgir. Además, el analizar la psicología femenina, en términos laborales, nos permitirá desenvolvernos mucho mejor con la gente que nos rodea.

A lo largo de tu camino, el poder de transformar, conocer e impactar en tu entorno y a quienes te rodean está en la información. En lo que leas, lo que escuches y lo que consumas, siempre busca calidad, para comprender el mundo y combatir la incertidumbre y la ignorancia.

Empieza a tomar decisiones para ser feliz, pues así es la vida. Piensa, reflexiona y decide. Leía el otro día un cartel en un hospital que decía ==«¿Tomas algo para ser feliz?». Y la respuesta era simple y contundente: «Sí: decisiones»==.

Reflexiona cómo trabajas en equipo y busca el equilibrio constante entre la transparencia y la discreción desde una mirada asertiva. Luego, trabaja, trabaja, trabaja. Visualiza los escenarios que te pueden llevar a tus objetivos. Construye un equipo fuerte, que sepa más que tú y que trabaje con ética y orden. De la mano de quienes integran este equipo, lograrás alcanzar tus metas.

Busca ayuda. Encuentra quién te guíe y sirva de mentor para trabajar sobre lo que buscas en tu vida profesional. Este concepto, que no está difundido en México y considero medular, nos permitirá crecer. Y, tal vez después, convertirnos nosotras en mentoras, puesto que es fundamental transmitir lo que sabemos a otras personas. Por otra parte, no olvides que además siempre puedes contar con una red de apoyo, para que los pilares de tu vida se sostengan y puedas alcanzar tus objetivos.

Ten en mente que reflejamos lo que somos, y por ello es importante saber mostrar la imagen que deseamos al mundo. Lo que eres, interna y externamente, lo transmites. Hay que tener solidez,

CONCLUSIÓN

conocimiento y seguridad para poder vender tus proyectos. La forma como cuentas las cosas, influye. Piensa en qué le quieres decir al mundo. Al otro, al de enfrente. Siempre busca comprender a tu audiencia. Sé creativa y presta atención en la narrativa que despliegas sobre ti misma y sobre tus proyectos. Recuérdate constantemente que todo el tiempo proyectas algo.

Ponle valor a tu trabajo. Piensa financiera y económicamente. No puedo hacer el suficiente hincapié en el hecho de que las mujeres en México debemos salirnos del espacio en que dependemos de alguien en términos económicos. Debemos educarnos financieramente, conseguir ayuda con algún asesor, aprender a cobrar, sobre todo al emprender. La única manera de ser verdaderamente libres es tener independencia económica, y la forma de hacerlo es con una buena comprensión de administración y finanzas.

Considera que el tiempo se vuelve relativo según cómo lo aprovechas, así que busca exprimirlo. Se puede. Lo hago yo y lo hacen millones de mujeres en este país y en el mundo. Estamos en movimiento y de eso se trata la vida. Da tiempo a aquello que quieres que se realice y, si quieres cambiar algo, trabaja paso a paso, con paciencia, en aquellos hábitos que quieres construir para tener una situación más sana y equilibrada. Recuerda darte tiempo todos los días para dejar a un lado el ego y liberarte de las culpas. Siempre es buen momento para transformarte y cambiar, incluso con el trabajo que esto pueda implicar, ya que existen barreras en el camino. ¿Qué es lo peor que puede pasar? ¿Dolor? El dolor pasa. En el peor escenario, regresas al principio y vuelves a comenzar. ¿Qué pasa cuando lo haces diferente? Buscas más y tienes un resultado distinto.

Por otra parte, ten el fracaso siempre en mente y trabaja en forjar tu resiliencia. Las mujeres somos resilientes de inicio, pero todavía nos cuesta comprender cómo el fracaso es aleccionador. Hace algún tiempo, fui a ver con mis hijos la película de *Avengers: Endgame* y una de las partes que más me hizo reflexionar fue cuando la madre de Thor le dice que es definitivamente un fracaso, como cualquier otra persona, pero que su desarrollo como persona y como héroe depende de qué tanto trabajara en sí mismo para reconstruirse. Creo que, pensando en esa lección, siempre podemos ser héroes y heroínas si buscamos reponernos del fracaso que inevitablemente traerá el camino. El fracaso, a fin de cuentas, nos ayuda a superarnos, trascender nuestro ego e identificar nuevos caminos.

Espero que a estas alturas te encuentres inspirada y que las herramientas que te he presentado te permitan construir proyectos y sueños para consolidar tu liderazgo tanto profesional como personal. De acuerdo con las sabias palabras de uno de mis mentores, Luis de la Calle, a nuestro país únicamente le irá bien si los mexicanos trabajamos para que nos vaya bien individualmente; con esa suma de éxitos le puede ir bien a México. No nos va a ir bien si al país le va bien, es al revés, y debemos entender que esto solo se logra con trabajo y planeación estratégica en todos los niveles. Por eso es tan importante el liderazgo en México: necesitamos tener a quién admirar, y dar mérito al trabajo de miles de mexicanas (y mexicanos) que se empeñan por desarrollar sus visiones. Te necesitamos como líder.

Esa líder es, sin duda, una mejor versión de ti misma. Necesitarás identificar tus circunstancias, vencer tus miedos, informarte, trabajar, buscar ayuda, proyectarte, administrarte, tener equilibrio y superar tus fracasos. Todo esto te permitirá dar lo mejor de ti. Toda mujer, desde niña, puede ser una líder. Es cuestión de saber transmitírselo y ayudarla a desarrollarlo.

Hagamos consciencia y entendamos el valor del trabajo de millones de mujeres que buscan crear una mejor realidad. Tomemos como guía a mujeres líderes para construir instituciones, empresas, despachos y comunidades en todos los sectores. Solo entonces, las niñas tendrán modelos a seguir que les permitirán ser ellas mismas y proyectar el futuro que han soñado. De la misma forma, los niños verán esto como una realidad natural.

Busquemos un México más igualitario, con un sentido real y operante de la equidad de género, más allá de los discursos que escuchamos hoy en día. Necesitamos trabajar (y mucho), pero eso es muy emocionante y abre un amplio panorama de posibilidades.

CONCLUSIÓN

Es un tema de entrarle hombro con hombro. De comprometernos, tanto las empresas como el gobierno, a tener mujeres en el ámbito laboral en todos los niveles, y a que los hombres le entren parejo al cuidado de los grupos más vulnerables. Día a día, mano a mano. Tengamos consciencia de que somos iguales y de que podemos combatir juntos el machismo y la misoginia.

Las historias y lecciones de las mujeres mexicanas no terminan aquí. Sigamos trabajando, buscando y documentando el trabajo de mujeres inspiradoras en nuestro país. México está en construcción. Vivimos un tiempo histórico, con coyunturas que no habíamos visto antes. El liderazgo activo de las mujeres, que construye e impacta a la sociedad, es importantísimo. Mujer mexicana, eres más necesaria que nunca. El turno es tuyo.

CUALIDADES DE TODA LÍDER

El perfil de una líder se conforma de diferentes rasgos que le permiten *ser* y construir. Las mujeres líderes suelen tener más de una de estas características. Algunas son intrínsecas a un liderazgo determinado; otras cualidades están latentes de diversa forma en todas las mujeres y se pueden desarrollar con su debido tiempo, esfuerzo y constancia.

La siguiente lista muestra las cualidades que, considero, forman parte de la esencia de una líder. Las mujeres que nos apoyaron en este proyecto fueron muy claras al enunciarlas y representarlas ellas mismas. Las he visto presentes en muchas mujeres que conozco y admiro. Considero que son fundamentales para cualquier persona que vislumbra emprender en el futuro un proyecto de cualquier índole, personal o profesional. A continuación las comparto contigo:

1. Alegría

Tomemos esta frase increíble de Mario Benedetti: «Defender la alegría como una trinchera, defenderla del escándalo y la rutina, de la miseria y los miserables, de las ausencias transitorias y las definitivas».

La alegría requiere la determinación de vivir, ser y estar. No se trata de una defensa ciega, idiota o superflua de este concepto. Se trata de entender que la mejor respuesta que podemos tener en los momentos difíciles, la mejor herramienta que podemos utilizar, la defensa más eficiente ante la adversidad es la alegría, profunda y determinante.

2. Calidad

La calidad es elegir siempre lo mejor. Debe ser el referente no solo del producto o servicio que decidamos desarrollar y vender, también debemos buscar la calidad en nuestro actuar, en nuestros pensamientos, en nuestras decisiones. Busquemos vivir con calidad.

Al respecto, Ana Jimena Ramírez nos dijo: «No hagas nada *chafa*. Hay que tener calidad en todo. No solamente en tus alimentos, sino también en tus relaciones. Todo lo que consumes, se consume con tus cinco sentidos. Busca estar rodeada de calidad».

3. Compasión

Hace algunos años una persona me dijo lo siguiente sobre la compasión: «No es más que querer ver a los demás libres de sufrimiento, independientemente del sufrimiento previo que nos hayan causado».

Es una frase que me gusta mucho, aunque contiene de manera intrínseca la idea de tener compasión por aquello que nos causó un dolor previo, y la compasión es un concepto que no necesariamente tiene que ver con el daño que nos haya hecho previamente alguien. Se refiere más bien a percibir y comprender el sufrimiento del otro, así como el deseo de aliviar el dolor.

4. Empatía

Ser empática va más allá de saber escuchar. Los japoneses la conciben, según un término de la cortesía japonesa u *omotenashi*, *kikubari*, como «saber anticiparse a las necesidades o peticiones de los demás, poniéndose en su lugar para que sean felices».

¿Cuál es la diferencia entonces entre la compasión y la empatía? En pocas palabras, la siguiente: la empatía es la capacidad de ponerte en el lugar de los otros, y la compasión es querer ver a los otros libres de sufrimiento.

5. Ética

Hagamos énfasis en este punto: las acciones de una líder, sean cuales sean sobre el tema que sean, deben estar enfocadas a un bien mayor: a construir, a forjar un impacto positivo para ella y su comunidad.

Al respecto, Laura Manzo nos dice: «Un jefe mío me enseñó que para ser buen líder hay que tener tres cosas: hacer buen equipo, hacer que las cosas sucedan y ser ético. La parte humana es tajante y diferenciadora sobre uno».

6. Flexibilidad

«Ser flexible» me sonó, durante muchos años, a un tema que tenía que ver en su totalidad con ceder nuestra posición u otorgarle la razón a alguien. Hoy veo que no es así: ser flexible significa tener suficiente apertura de mente para considerar un punto de vista distinto al nuestro y las infinitas posibilidades en las que una situación puede desembocar. La flexibilidad permite que tu negocio tome veredas que no habías considerado y volverse un éxito.

7. Impacto

El impacto se relaciona con la capacidad que una mujer tiene de transmitir a los demás, con todo su ser, lo que quiere decir, sus ideas, concepciones y proyectos. Ana María Olabuenaga nos dijo: «Ser líder es tener la capacidad de inspirar a que los otros te sigan, sin tener el mapa de a dónde vas. Además, es tener la suficiente grandeza en tus ideas para que todo mundo quepa».

Para desarrollar la capacidad de impactar en los demás, debemos empezar por tener claridad en lo que queremos decir (transmitir, reflejar, plasmar) a los demás. Impactar es, al fin y al cabo, dejar un recuerdo de lo que somos en los demás.

8. Ímpetu

El ímpetu es lo que nos hace a las mujeres estar en veinte temas al mismo tiempo. Es también lo que permite que tengamos de tres a cuatro jornadas laborales, familiares, sociales y físicas todos los días. El ímpetu es lo que nos proyecta, lo que nos impulsa, lo que nos hace actuar. Es acción y la acción es mujer. Es lo contrario a la pasividad.

Ahora bien, ser impetuosa no es necesariamente una característica que tengamos todas las mujeres. En algunos casos debemos trabajar para adquirirla, y la única manera de lograrlo, o por lo menos la que conozco, es a través del esfuerzo. El ímpetu se adquiere con el trabajo de todos los días, cada vez que decidimos actuar.

9. Integridad

Una persona íntegra es aquella que siempre hace lo correcto, que hace todo aquello que considera bueno para sí misma sin afectar los intereses de los demás. Evidentemente, vivir siempre haciendo lo correcto es prácticamente imposible, pero lo que puede ayudarnos a cometer menos errores es vivir en un estado de consciencia de lo que somos, de lo que hacemos y de las decisiones que vamos tomando en el camino.

Ana Jimena nos dice al respecto: «La gente confía en ti, en tu negocio y en tu marca porque saben que eres una persona íntegra. Que eres una persona de confianza».

10. Lealtad

La lealtad es un concepto elevado que recuerda al honor y a la gratitud (supongo que porque tiene que ver con ambas cualidades). En la película *La Favorita* (2018) hay una frase que me encanta, cuando un hombre le pregunta al personaje de Emma Stone: «¿De qué lado estás?». Ella contesta contundentemente: «Estoy de mi lado. Siempre». La primera lealtad que debemos tener en la vida es hacia nosotras mismas. Leales a nuestros sueños, a nuestra esencia, a lo que somos como mujeres y como líderes. Debemos ser leales también a los nuestros, empezando por nuestra familia, amigos y compañeros de trabajo.

Ante la pregunta de cuál consideraba una cualidad esencial de toda líder, María Ariza nos dijo: «Lealtad. Las mujeres somos muy leales y creo que es un valor muy digno de aportar a nuestra empresa o proyecto».

11. Paciencia

«Yo no soy paciente» es una frase que escuchamos mucho más de lo que creemos. La gente a veces tiene la concepción equivocada (quizá conformista) de que la paciencia no es indispensable para alcanzar nuestros objetivos en la vida. Esa idea es absolutamente errónea: la paciencia es tierra fértil, es posibilidad, es camino.

Hay una oración de Santa Teresa de Ávila muy poderosa sobre la paciencia: «Nada te espante, todo se pasa, Dios no se muda. La paciencia todo lo alcanza». Cuando quieras claudicar, cuando no encuentres el camino, recuerda eso que es cierto: la paciencia todo lo alcanza.

12. Perseverancia

La perseverancia es sinónimo de constancia, persistencia, firmeza, dedicación y tesón. En este sentido, se aplica tanto en las ideas como en las actitudes, en la realización de algo, en la ejecución de propósitos o en las resoluciones del ánimo. Perseverar es continuar. Es vencer el cansancio, la desidia, el mal humor, la falta de ganas.

Al respecto, Amanda Berenstein nos dijo: «No me considero la persona más inteligente del mundo, pero sí soy perseverante. Voy, voy y voy. Reconozco las cualidades de las otras personas, las uso y las capitalizo al cien. También tengo muy claro mi lugar, lo que me permite reconocer las ideas de otros y desarrollar esas ideas con ellos, dando el crédito que le corresponde a cada quien».

13. Persuasión

La persuasión puede ser un arma de dos filos. Puede usarse en sentido positivo (por ejemplo, me persuado a mí misma de que es posible alcanzar mis metas o convencer a los demás de perseguir una causa noble) o, por el contrario, utilizarse en sentido negativo (por ejemplo, autoboicotearme respecto a un proyecto, u orillar a los demás a hacer algo que no sea constructivo para ellos mismos ni para la sociedad).

Persuadir es un superpoder y, como tal, conlleva una enorme responsabilidad. Es un arte fino para alcanzar tus intereses, sin dejar a un lado la importancia del respeto hacia nosotras mismas y la tolerancia a la otredad.

14. Prudencia

Mi mamá siempre ha dicho que la prudencia es la más importante de todas las virtudes. Ahora que tengo 42 años me doy cuenta de la razón que tiene: aquel que es verdaderamente prudente ha logrado conquistar otras muchas cualidades, como la paciencia, la discreción y la asertividad, entre otras. No en vano nos dice María Ariza: «Como mujeres, tenemos ese valor agregado, el de la prudencia. Debemos capitalizarla».

15. Resiliencia

Leticia Gasca nos dice sobre la resiliencia:

> Es una de las habilidades más importantes para el futuro de la humanidad. Cuando conocí a Jack Ma, el fundador de Alibaba, y le pregunté cuál creía que era la habilidad más importante para el futuro de la humanidad, su respuesta fue: «Aceptar el cambio». Creo que esto se refiere a la resiliencia. El lado bueno es que la resiliencia es un músculo. Si lo ejercitamos, puede crecer. No hay que ir por la vida pensando que si no somos resilientes ya nos quedamos así. Hay que tener una actitud de crecimiento, y si no tenemos una mentalidad resiliente, desarrollarla. ¿Cómo? Una forma es hablando de las cosas que nos duelen y conocernos mejor a nosotras mismas.

16. Respeto

El respeto es la consideración y valoración especial que se le tiene a alguien o algo, al que se le reconoce valor social o diferencia. También es uno de los valores fundamentales que el ser humano debe tener presente a la hora de interactuar con personas de su entorno. María Ariza me dijo: «Hay que tener siempre respeto, para contigo, con tu equipo y todo lo que rodea tu actividad profesional». Para Ana Jimena Ramírez el respeto «es un mantra. Respeto a todo: a tu tiempo, al mío, a la gente, al talento de los demás».

17. Solidaridad

Sería inexacto decir que las mujeres somos solidarias por naturaleza o por definición. La realidad es que se requiere cierto coraje y mucha sensatez para alcanzar a ser mujeres solidarias. Solidaridad significa la construcción de lazos en pro de un proyecto, de una familia, de una idea, de una causa. Es sinónimo de apoyo, respaldo, protección.

18. Sororidad

La solidaridad entre mujeres está plasmada en un concepto que se define como «sororidad», derivado de la hermandad que se da entre un grupo de mujeres que se apoyan, se protegen y se impulsan unas a otras para su desarrollo. Es necesario crear vínculos entre mujeres para encarar los problemas en nuestros caminos a través de relaciones comprensivas entre nosotras.

19. Transparencia

La transparencia es una cualidad que llena de armonía la personalidad. Muchas veces será más fácil ocultar, «ponerle moños», disfrazar cierta realidad o circunstancia, que decir las cosas como son. Pero la transparencia es garantía de confianza, seguridad, respaldo, y confidencia.

Al respecto, Licia Brooks nos dice:

> Hay que hablar abiertamente y de forma transparente del «elefante en la habitación». Sobre todo en las relaciones. Apenas comiences a trabajar con alguien, en especial con una mujer, es recomendable tener una conversación clara y directa. Es importante mostrar siempre una actitud respetuosa y es imperativo

navegar las emociones que llegas a sentir en tus interacciones con los demás.

20. Valentía

Mercedes Palomar nos dice respecto a la valentía: «Tienes que ser muy valiente para hacer a un lado los miedos. Me he topado con mucha gente que tiene ideas grandiosas y me preguntan "¿Qué hago?", "Pues empieza", "Pero ¿cómo?", "Empezando". Así lo hice yo, un día tomé la decisión de lanzar Lady Multitask con mi hermana, con todo y mis miedos».

Ana María Olabuenaga nos dice también: «La valentía es la primera cualidad que necesita una mujer emprendedora. Tienes que verte valiente y avanzando hacia adelante. Si es necesario, actuándolo; con el tiempo saldrá natural».

21. Visión

Tener visión es algo que se construye con preparación y experiencia. Debemos aprender a ser empresarias y a ver las cosas como oportunidades a través de la capacitación, la educación y el pensamiento lógico. Se trata de aprender a buscar la ganancia en cada ocasión, en cada conversación, en cada encuentro. Reconocer las áreas de oportunidad. Es manejar bajo el concepto de la eficacia y la eficiencia diversos aspectos de nuestras vidas.

22. Vulnerabilidad

La palabra vulnerabilidad deriva del latín *vulnerabilis*. Está compuesta por *vulnus*, que significa «herida», y el sufijo *-abilis*, que indica «posibilidad». ¿Cuál es la versión completa y honesta de nosotras mismas? Solo podemos descubrirla al aceptar nuestra vulnerabilidad. Nos permite reconocer nuestros límites y vencer con humildad nuestros prejuicios, de forma que puedan transformarse en una parte constructiva de una misma. Como dice el filósofo chino Lao-Tse, «Quien vence a los otros tiene fuerza, quien se vence a sí mismo es fuerte». La vulnerabilidad es nuestra metamorfosis. Nos permite evolucionar y ascender. Es posibilidad.

Recuerda: está en ti desarrollar tantas de estas características como puedas. Lo dije hace unas páginas y lo digo de nuevo: mujer mexicana, eres más necesaria que nunca. El turno es tuyo.

Agradecimientos

A todas las mujeres mexicanas que trabajan y emprenden, que dudan, y que vuelven a empezar cada día.

A mis **padres**, Juan y Maribel, a quienes les debo lo que soy, y quienes supieron educarme en amor y libertad.

A mis **hijos**, Iñigo y Patricio, por creer en mí, por ayudarme a cumplir mis sueños, por divertirme tanto; a **José Manuel**, por ser el mejor padre para mis niños.

A mis **hermanos**, Juan, Pablo, Mariana, Jo y Fer, por llenar de luz y entendimiento mi existencia.

A mi **cuñada, mis cuñados y sobrinos**, quienes hacen la vida más feliz.

A mis **abuelos y abuelitos**, por su legado, valentía y ejemplo.

A toda mi **familia**, tíos y primos, por las risas y por hacerse presentes en las buenas, las malas y las peores.

A **Carlos**, por su amor.

A mis **amigas y amigos**, por siempre estar, por siempre compartir. Por la empatía, por la alegría.

A **Juanita**, por sonreír todos (en verdad todos) los días.

A **Grupo Planeta**, por hacerme autora.

A **Gabriel Sandoval**, por descubrir libros y escritores en donde no los había.

A **Karina Macias**, por su claridad y empeño.

A **Tamara Gutverg**, por su paciencia y trabajo en este manuscrito.

A **Tamara Carrillo**, porque sin ella estas páginas no existirían.

A **Gabriela Warketin**, por escribir el prólogo y hacerlo con tanto cariño.

A todas aquellas mujeres que trabajaron conmigo y estuvieron dispuestas a compartir con los lectores experiencias y aprendizajes que toma una vida adquirir: **María Ariza, Lorena Becerra, Guillermina Benavides, Amanda Berenstein, Licia Brooks, Gina Diez Barroso, Leticia Gasca, Laura Raquel Manzo, Mireya Marroquín, Tania L. Montalvo, Ana María Olabuenaga, Mercedes Palomar, Ana Jimena Ramírez y Eva Vale.**

A **Juan Ignacio Zavala, Virgilio Muñoz, Angélica López, Julio Patán, José Manuel Guillemot, Alejandro Poiré y Luis Alberto Fernández**, por sus opiniones y consejos sobre la estructura y composición de este libro.

A **Nora Castro**, por acompañarme a escribir y por distraer a Iñigo y a Patricio cuando estaba tecleando.

A **Lucía López Morton**, por la foto increíble.

A mis **mentores**, por darme claridad y ayudarme a encontrar el camino.

A **quienes han compartido conmigo la vida laboral**, por saber transmitir pasión por el deber cumplido y por contribuir a mi formación.

A todos aquellos vinculados con los libros, por ser parte de mi mundo y de mi amor a las letras.

Bibliografía

Alberti, R. & Emmons, M. (2006). *Con todo tu derecho: asertividad e igualdad en su vida y en sus relaciones.* Barcelona: Ediciones Obelisco.

Always #LikeAGirl. (2019). Recuperado de https://www.youtube.com/watch?v=XjJQBjWYDTs

Beauvoir, S. (2005). *El segundo sexo.* Madrid: Cátedra.

Brigham Young University (2012). «Women speak less when they're outnumbered». ScienceDaily. Recuperado en 2019 de www.sciencedaily.com/releases/2012/09/120918121257.htm

Clance, P. R., y Imes, S. A. (1978). «The imposter phenomenon in high achieving women: Dynamics and therapeutic intervention». *Psychotherapy: Theory, Research & Practice,* 15(3), pp. 241-247.

«Con motivo del Día Internacional de la Mujer, ONU Mujeres insta a líderes y personas defensoras de los derechos de las mujeres a "Pensar en igualdad, construir con inteligencia e innovar para el cambio"». Recuperado en 2019 de http://mexico.unwomen.org/es/noticias-y-eventos/articulos/2019/press-release-think-equal-build-smart-innovate-for-change-on-international-womens-day

Gasset, J. y Marías, J. (1984). *Meditaciones del Quijote.* Madrid: Cátedra.

Hinchliffe, E. *Funding for Female Founders Stalled at 2.2% of VC Dollars in 2018.* Recuperado en 2019 de http://fortune.com/2019/01/28/funding-female-founders-2018/

Kanze, D. (2019). *The real reason female entrepreneurs get less funding*. Recuperado en 2019 de https://www.ted.com/talks/dana_kanze_the_real_reason_female_entrepreneurs_get_less_funding

Kapuściński, R. y Orzeszek, A. (2010). *Encuentro con el otro*. Barcelona: Anagrama.

Martín Rodrigo, I. (2018, 22 diciembre). *La sororidad llega al Diccionario de la RAE*. Recuperado en 2019 de https://www.abc.es/cultura/abci-selfi-meme-o-sororidad-nuevas-palabras-diccionario-201812211225_noticia.html

McGinn, K. L., Ruiz Castro, M., y Lingo, E. L. (2019). «Learning from Mum: Cross-National Evidence Linking Maternal Employment and Adult Children's Outcomes». *Work, Employment and Society*, 33(3), pp. 374-400. Recuperado en 2019 de https://doi.org/10.1177/0950017018760167

Miklos, T. y Arroyo, M. (2016). «El futuro de México a debate (prospectivas de ayer, de hoy y para mañana)». *Ciencias Socioeconomicas, Multidisciplina*, núm. 23, enero-abril, pp. 120-147. México: Facultad de Estudios Superiores (FES) Acatlán, Universidad Nacional Autónoma de México. Recuperado en 2019 de https://www.sciencedaily.com/releases/2012/09/120918121257.htm

McKinsey & Company (2018). *Una ambición, dos realidades*. Recuperado en 2019 de https://womenmattermx.com/WM_Nov_final_2.pdf

Sandberg, S. (2019). *Why we have too few women leaders*. Recuperado en 2019 de https://www.ted.com/talks/sheryl_sandberg_why_we_have_too_few_women_leaders

Sinek, Simon (2009). *Start with Why: How Great Leaders Inspire Everyone to Take Action*. Nueva York: Portfolio.

Solnit, R. (2014). *Men Explain Things to Me*. Nueva York: Haymarket Books.

Solnit, R. (2015, 29 de junio). *Men Still Explain Things to Me*. Recuperado en 2019 de https://www.thenation.com/article/men-still-explain-things-me/

BIBLIOGRAFÍA

Sonya Friedman (s.f.) «Quotes». Quotes.net. Recuperado en 2019 de https://www.quotes.net/quote/13141.

The Failure Institute (2018, 5 de noviembre). «Map-Global Failure Index-The Failure Institute». Recuperado en 2019 de https://thefailureinstitute.com/global-failure-index/

The Failure Institute (2019, 27 de marzo). «The Failure Institute». Recuperado en 2019 de https://thefailureinstitute.com/

www.ingramcontent.com/pod-product-compliance
Lightning Source LLC
Chambersburg PA
CBHW071817230426
43670CB00013B/2484